## Bibliothèque Politique et Économique

LOUIS DE LAUNAY

MEMBRE DE L'INSTITUT



# QUALITÉS

# A

# ACQUÉRIR

PAYOT & Cie, PARIS

106, BOULEVARD SAINT-GERMAIN, 106

1918

# QUALITÉS

## A

# ACQUÉRIR

# DU MÊME AUTEUR

### ÉCONOMIE POLITIQUE

L'Or dans le Monde. Un volume in-18 (A. Colin), 1907.

La Conquête minérale. Un volume in-16 (Flammarion), 1908.

France-Allemagne. *Problèmes miniers, munitions, blocus, après-guerre.* Un volume in-16 (A. Colin), 1917).

### PHILOSOPHIE SCIENTIFIQUE

Histoire de la Terre. Un volume in-16 (Flammarion), 1907.

La Science géologique : *ses méthodes, ses résultats, ses problèmes, son histoire.* Un volume in-8 (A. Colin), 1905.

### ÉTUDES SUR L'ORIENT

Chez les Grecs de Turquie : *Mytilène, Lemnos, Le mont Athos, les côtes d'Asie Mineure et de Macédoine.* Un volume in-8° (Colnély), 1897.

La Bulgarie d'hier et de demain. Un volume in-16 (Hachette), 1907.

La Turquie que l'on voit. Un volume in-16 (Hachette), 1913.

### POÉSIE

Orphée (par Paul de Nay). Un volume in-16 (Lemerre), 1901.

Crépuscules et Nocturnes (par Paul de Nay). Un volume in-16 (Plon), 1908

Adam (par Paul de Nay) Un volume in-16 (Jouve), 1913.

# LOUIS DE LAUNAY

MEMBRE DE L'INSTITUT

# QUALITÉS

## A

# ACQUÉRIR

PAYOT & Cᵢₑ, PARIS

106, BOULEVARD SAINT-GERMAIN, 106

1918

# INTRODUCTION

Quand on envisage le sort de chaque individu en particulier, on peut pousser très loin
la discussion sur la meilleure forme de vie
pour atteindre le bonheur ; il est même permis d'examiner une solution qui consisterait
à généraliser le renoncement du moine ou
l'immobilité du brahmane attendant le nirvâna. Mais la morale ne permet pas de suici-
der les autres ; elle n'autorise même pas un
médecin à calmer par la mort les tortures
d'un malade inguérissable. Quand il s'agit de
toute une nation, on ne saurait douter qu'il
faille avant tout lui assurer la santé : par conséquent, le bien-être, l'indépendance et la sécurité, qui permettront ensuite à toutes les
tendances individuelles les plus contradictoires de se développer. Aussi la majeure
partie de ce livre va-t-elle sembler bien bour-
geoise et bien terre-à-terre. Elle le sera d'au-

tant plus qu'il faut y voir, au fond, sous les apparences d'un sermon, un examen de conscience, un acte de contrition. L'auteur, poussé par les événements hors de sa tour d'ivoire, y a préconisé d'abord les qualités dont il se sent lui-même le plus dépourvu et qui, dans la lumière crue de la guerre, lui sont apparues le plus indispensables. Il va y soutenir le réalisme, alors qu'il est, par instinct, par tempérament, par goût, un idéaliste. Il demandera des actes et il n'a guère fourni dans sa vie que des mots. Il défendra la pratique et il aime d'abord la théorie ; l'industrie et il n'y participe pas ; la prose et son premier culte est pour les vers. Il poussera à labourer les champs mécaniquement quand ses préférences d'artiste seraient pour les voir en friche. Il prêchera le respect, la soumission, la discipline et il doit se reconnaître frondeur, individualiste, insubordonné. Imaginez Don Quichotte faisant de la propagande pour Sancho Pança !... Cervantes n'aurait peut-être pas trouvé l'hypothèse si ridicule. S'il aimait la chère folie de son héros et ses luttes héroïques contre des moulins à vent, il n'était pas éloigné de penser que, pour gouverner l'île de Barataria et y rendre la justice, sinon pour la protéger contre les ennemis du dehors, le gros bon sens de Sancho peut être préférable.

Ce côté personnel de l'étude qu'on va lire y provoquera — et je m'en excuse aussitôt — un emploi excessif du pronom *Je*. Pour éviter ce défaut, il aurait fallu généraliser sans droit et présenter comme certaines des opinions qui trouveront de nombreux contradicteurs.

Ainsi je vais préconiser plus que beaucoup ne le voudraient les qualités réalistes destinées à satisfaire les besoins pratiques du pays ; je m'y attacherai d'autant plus que ce sont bien, pour un Français, suivant le titre de ce volume, des qualités *à acquérir*. Le lecteur se choquera peut-être de me voir négliger d'autres qualités plus généreuses et plus nobles ; j'éprouverais à lui en parler le même plaisir qu'il aurait alors à m'entendre ; mais ces qualités sortent du sujet choisi (déjà trop vaste), parce qu'elles sont le plus souvent *innées* chez nos concitoyens. Néanmoins, si rarement qu'il doive en être question, nous ne nous interdirons pas d'y penser avec réconfort et nous y reviendrons un peu pour conclure. Même d'un point de vue matérialiste, elles appartiennent à ces « impondérables », dont le plus réaliste doit apprendre à tenir compte en les voyant aussi souvent exercer sur les foules une action mystique et sentimentale d'une puissance incoercible. Il n'importe pas seulement à l'ennoblissement futur de la race humaine ; il serait également nécessaire pour sa prospérité plus immédiate que les peuples devinssent bons, désintéressés, dévoués, fidèles à la foi jurée : qu'on vît, en un mot, éclore parmi les nations toutes les vertus dont on célèbre la rencontre chez les individus... Et je me réjouirai d'avoir à en faire mention. Car, je l'avoue aussitôt, ma conversion au réalisme ne va pas encore jusqu'à brûler ce que j'ai adoré et je n'entends aucunement sacrifier mon idéalisme fondamental, au moment où beaucoup se demandent si son triomphe ne va pas devenir lui-même *une réalité.* Les gouvernements populaires, dont l'heure a sonné, apportent, par le fait même qu'ils manquent de toute expérience, une foi extraordinaire dans leur puissance de réalisation, et la Foi transporte les montagnes. Si la décision de la guerre faisait enfin éclater aux yeux les plus prévenus la défaite irrémédiable de la Force brutale, l'avènement du Droit international pourrait être plus proche de nous que nous n'avons tendance à le croire...

Ce n'est pas impossible ; je ne crois pas, hélas, que ce soit probable ; en tout cas, il y aurait une imprudence souveraine à raisonner comme si c'était certain. Quelque précis que soient les « chiffons de papier », sur lesquels s'appuiera le droit nouveau, longtemps encore on devra redouter que quelque Boche ne les déchire. L'homme le plus pacifique peut être amené à tirer un revolver pour se défendre. Les Américains ne viennent-ils pas d'être entraînés dans un conflit européen ?

Les intérêts matériels d'un pays fortement armé pour la lutte, voilà le sujet concret et limité que nous allons être amenés à traiter et nous ne considérerons les intérêts moraux, malgré leur incontestable supériorité, que pour leur répercussion sur la prospérité du pays. Ne comptons pas sur l'avènement spontané de la Justice immanente par la future « Société des Nations ». L'idée en est trop jeune et le progrès humain, pour être durable, doit s'accomplir par étapes trop nombreuses pour être rapidement parcourues. Celles qui ont constitué la Société des Individus remontent déjà à des milliers d'années et l'on ne peut encore se passer de gendarmes, de magistrats, de geôliers, de bourreaux. Chez les individus pourtant, un long atavisme, appuyé sur les religions, sur les philosophies, sur l'opinion commune, est arrivé à inspirer la pratique, le respect, ou tout au moins l'hypocrisie de certains sacrifices personnels que les nations, avec cynisme, ont continué jusqu'ici à appeler des duperies. Tant que les tigres abonderont dans les groupements humains, la lyre apaisante d'Orphée ou le sermon de saint François au loup de Gubbio demeureront d'une application rare ; et on réussira mieux à éviter les morsures en employant une cage à barreaux solides, un fouet ou une muselière. Maîtriser d'abord les fauves ; les apprivoiser ensuite ; enfin voir à les introduire progressivement dans la communauté des moutons, telle est la seule méthode logique.

Partons sagement de cette notion pessimiste, sur laquelle le Darvinisme et le Christianisme se trouvent d'accord, que les hommes sont mauvais par instinct, que, rassemblés et groupés, ils deviennent plus mauvais encore parce que la contagion du mal domine l'émulation du bien et parce que les bestialités, s'appuyant l'une sur l'autre, rejettent toute contrainte ; n'oublions pas que les peuples ont été habitués de temps immémorial à commettre, sous un prétexte militaire, tous les crimes de droit commun qu'ils punissaient le plus sévèrement à l'état individuel... Ce serait folie d'attendre un changement brusque et général dans un état de choses aussi enraciné. On ne gagne rien à établir des codes en supposant que l'on aura affaire à des Vincent de Paul et l'on ne prend pas pour diriger le troupeau confus des humains un François d'Assise ou un Tolstoï. Saluons très bas l'exception des Saints ; mais ne commettons pas l'erreur et l'injustice de les considérer comme rentrant dans la règle habituelle. Dressons, au contraire, des échafauds pour qu'on ne tue pas ! Préparons la guerre pour avoir la paix !...

« En bonne maison, nous dit notre ami Sancho, le souper est bientôt servi, et qui convient du prix n'a pas de dispute, et celui-là est en sûreté qui sonne le tocsin. » Les Français se sont assez longtemps occupés de venir en aide au genre humain, de venger les faibles et de défendre les opprimés ; ils ont assez rencontré de horions en poursuivant leurs chimères de chevaliers errants pour être en droit maintenant de songer à habiter une bonne maison, où les prix soient réglés à leur avantage et où les gardiens de la cloche surveillent l'horizon avec vigilance pour les avertir du danger. Les qualités que nous serons amenés par là à célébrer d'abord, n'auront, j'y insiste, aucun caractère chevaleresque ; elles seront, comment dirais-je, de style un peu Louis-Philippe : l'économie, la prudence, la soumission aux faits, l'opportunisme, la stabilité, la discipline. Rien chez elles ne paraîtra susceptible d'enflammer l'imagination. Nous aurons notre récompense plus tard. Après avoir mangé ce pain bis le premier, nous aborde rons d'autres vertus dont l'éloge sera pour nous plus spontané : la volonté agissante et la foi. Suivant le mot de Jésus, l'homme ne vit pas seulement de pain, mais aussi de la parole de Dieu. Ce sera à peine survoler notre terrain pratique que de nous rappeler la puissance d'un idéal désintéressé pour entraîner les hommes à la victoire, l'énergie vivifiante qui émane des nobles morts, l'éclat radieux d'un drapeau déployé dans la lumière.

Le catholicisme a institué trois vertus théologales : la foi, l'espérance et la charité. Un peuple acquiert une grande force quand il a foi dans son idéal, foi dans le but poursuivi, foi dans ses destinées. Belle et féconde est la pensée qui a fait appeler l'espérance une vertu. Et le groupement humain le plus riche en semences d'avenir, le plus apte aux inévitables luttes comme étant le mieux uni sera toujours celui où l'on s'aimera le mieux les uns les autres, où l'on pratiquera le plus complètement cette vieille loi évangélique de la charité que nos contemporains ont seulement modernisée et vêtue d'une défroque scientifique en l'appelant l'altruisme.

Vilhémon, 1er janvier 1918.

# QUALITÉS
### A
# ACQUÉRIR

## CHAPITRE PREMIER

### Après la guerre ?...

Les modifications spontanées du caractère français. —
Accentuation des énergies. — Attitude nouvelle
devant la mort et la souffrance. — Le brassage social. — L'espoir de la paix universelle.

Toutes les fois que l'on veut résoudre un problème de mécanique, de physique ou de chimie,
l'on commence par en préciser les données au
moyen d'hypothèses aussi vraisemblables que
possible ; on définit les forces et les éléments
qui se trouveront en présence. Quand on veut
faire évoluer les personnages d'un roman ou
d'un drame, on les « situe » d'abord dans un
milieu, dans un décor déterminés. Nous allons
chercher ici quelles qualités nouvelles les Français devraient s'efforcer d'acquérir pour le meil-

leur développement futur de la France. Mais que va devenir, par le fait même de la guerre et indépendamment de tout effort, le peuple sur lequel nous allons raisonner? Quelle attitude auront ses voisins ? Par quelles frontières serons-nous délimités ? Par quels traités commerciaux serons-nous liés ? Nous aurions besoin, pour raisonner logiquement, de le connaître. Si, par exemple, la « Société des Nations » devait tenir demain ses assises pacifiques, les qualités nécessaires à un Français différeraient évidemment de celles qui s'imposeront si nous sommes contraints à reprendre un régime épuisant de paix armée. Nos soldats quitteront-ils leurs tranchées entièrement transformés moralement et intellectuellement, en bien ou en mal ; ou le vieux char de l'humanité rentrera-t-il cahin-caha dans ses anciennes ornières ? Dans quelle mesure aurons-nous tous une âme de vainqueurs ou de déçus? Que seront vis-à-vis de nous nos alliés ?... Autant de questions actuellement insolubles et dont la solution nous serait cependant indispensable pour notre étude. La sagesse nous commanderait d'examiner toutes les hypothèses, et non pas seulement les plus favorables, qui sont naturellement celles pour lesquelles une adaptation improvisée sera le plus facile. Bien des considérations nous interdiront un examen aussi approfondi. Nous tiendrons compte cependant de l'objection dans la mesure du possible.

Quoi qu'il en soit, nous voici amenés malgré nous à prévoir, à imaginer, à essayer de nous enfoncer dans l'esprit cette notion depuis si longtemps oubliée et devenue si anormale, si singulière : « Un jour la guerre finira ; un jour il y aura la paix », pour tenter de concevoir comment nos concitoyens auront chance de se présenter alors...

Devant une interrogation pareille, quiconque sait un peu son métier de pythonisse ou de somnambule ne peut ignorer quelle serait la réponse à donner pour conquérir aussitôt la grande majorité de ses consultants. On serait sûr de leur plaire en flattant ici leurs espoirs, en leur dépeignant un jour de joie sans mélange, comme on parle de Noël aux petits enfants, en leur montrant d'avance des cohortes d'anges radieux qui apporteront des rameaux d'oliviers avec des banderoles sur lesquelles resplendiront ces formules magiques : « États-Unis du monde, désarmement, paix sociale, union sacrée, progrès démocratique » ; au besoin, les discours officiels nous donneraient le moyen d'allonger la liste...

Mais, à l'inverse d'un orateur de club, un prédicateur qui remplit son devoir ne s'occupe pas de flatter les goûts de ses auditeurs. L'épreuve a montré combien ces admirables rêves deviennent dangereux quand on se laisse bercer et endormir par leur narcotique ! N'attendons pas un tel miracle, sauf à le saluer joyeusement s'il se réalisait ! Ne comptons pas sur ce que les biologistes appellent une saltation aussi brusque, après l'évolution, tellement lente jusqu'ici, si souvent même retournée en arrière, de la pauvre bête humaine ! Modifiés, les hommes le seront sans doute au sortir du drame ; transformés, révolutionnés, pacifiés, non, ce serait trop beau !

Et voici comment je conçois ces modifications. L'humanité vient d'être très gravement malade ; sa maladie, dont on n'aperçoit pas encore le terme, aura bientôt duré quatre ans. Pendant ce temps, elle a été dévorée de fièvre, intoxiquée de virus, secouée, martelée, angoissée par la trépidation constante des cauchemars ; elle a souffert, elle s'est anémiée ; elle a pris, dans ses traits amaigris, dans son visage exsangue, une expression plus intense et plus passionnée, à laquelle ne succédera pas du jour au lendemain la rotondité pacifique de la santé normale... Tous ces hommes portent les mêmes noms, ont les mêmes familles, un peu les mêmes intérêts qu'auparavant ; ils peuvent être dits les mêmes dans la mesure où, au bout de quatre ou cinq ans, se perpétue, par une sorte de rythme traditionnel, une personnalité humaine ; mais, là où nous étions habitués à voir de bonnes figures calmes autrefois, nous découvrons maintenant des traits convulsés, sous une projection violente de lumière électrique qui accentue, qui intensifie les saillies et les creux, les modelés et les méplats, et il est probable que ces plis, ces accents violents, imprimés par le pouce d'un sculpteur tragique, ne s'effaceront pas sans laisser de traces. Il y a, parmi ces hommes, comme auparavant, des courageux et des lâches, des dévoués et des égoïstes, des paresseux et des ardents : ceux que l'on pouvait déjà connaître jadis ou deviner pour tels ; mais, chez tous, vertus ou vices se sont exaspérés par la guerre comme des couleurs que l'on trempe dans un bain acide. De bons vivants, qui n'avaient jamais envisagé que le rôle modeste de spectateurs dans les drames accidentels, dans les faits-divers criminels de leur journal, ont été poussés par les épaules sur la scène et forcés de participer à une tragédie dont personne auparavant n'aurait pu soupçonner ni la grandeur sauvage, ni la monstrueuse horreur. Il paraît difficile qu'après avoir revêtu aussi longtemps ce masque shakespearien, ils en dépouillent l'empreinte en quelques heures pour reprendre leur petite histoire d'avant-guerre, à la page où le destin a mis son rouge signet...

Seront-ils meilleurs, seront-ils pires? L'un et l'autre sans doute à la fois ; ils seront surtout, je pense, plus agissants, plus déterminés, plus combatifs, plus énergiques (j'entends ceux dont la mêlée n'aura pas, au contraire, épuisé toutes les énergies) ; ils seront par suite — et c'est ce que, pour notre travail, il importe de constater — susceptibles d'un effort destiné à réagir contre des habitudes enracinées, à les modifier dans un sens utile. Je ne vois pas bien cette génération de jeunes gens qui a été lancée à l'assaut des fils barbelés, roulée sous la tempête des obus, exercée à commander, endurcie à mépriser la mort, à l'âge où leurs pères et leurs grands-pères finissaient leurs classes sur les bancs d'un lycée, acceptant par inertie les traditions, les conventions, les préjugés d'autrefois, se laissant couler dans les vieux moules, subissant l'empreinte lénifiante de nos illusions desuètes ; je me représente mal ces loups aux dents aiguisées se pliant aux bergeries langoureuses et idylliques d'un xviii° ou d'un xix° siècles finissants, suivant vers l'étable ou le pré le chemin marqué par la houlette fleurie d'un Tircis aux rubans d'azur, renonçant à combattre et à rivaliser âprement sur les champs de bataille étrangers ou nationaux, se laissant enfin limer les dents.

L'humanité a passé violemment de l'état statique à l'état dynamique. Il y a eu rupture d'équilibre comme dans ces phénomènes de sursaturation où sont éliminés d'un coup bien des viscosités, des inerties, des frottements, des hérédités, des forces retardatrices. L'équilibre ne renaîtra avec une apparence de stabilité que lorsque les énergies surexcitées auront développé, par leur vitesse même, des frottements nouveaux. Mais alors on s'apercevra sans doute qu'il s'est creusé un hiatus entre le vieux monde et le nouveau, fussent-ils même à bien des égards analogues. Il manquera une génération, anéantie dans ses éléments les plus sains, les plus ardents ; il se produira un défaut de suite dans les traditions ; et, par là, par la nouveauté qui en résultera, nos jeunes Français de demain ne pourront manquer d'apporter à l'après-guerre certaines qualités et quelques défauts jusqu'ici caractéristiques de l'Amérique. Ils seront ce que l'on appelle des self-made-men. Ils aborderont plus hardiment des difficultés qu'ils ignoreront et ils improviseront parfois des solutions à des problèmes de mécanique sociale où trop d'échecs anciens nous avaient habitués à ne voir que des impossibilités. Le champ d'action qui leur sera offert aura lui aussi un aspect renouvelé. Pour construire sur un plan original, il est commode qu'un cataclysme ait fait d'abord table rase de tout le passé. Quand on pénétrera, pour les déblayer, dans les décombres amoncelés de ce qui fut notre vie, on y verra peut-être grouiller quelques bêtes malfaisantes apportées dans les cargaisons d'outremer ; mais il aura poussé aussi des frondaisons de plantes inconnues, aux graines exotiques, dont un architecte ingénieux pourra tirer parti dans son paysage. A n'envisager ici qu'un fait — il est vrai, capital, — quand l'amas de nuages qui cache les changements de décor au théâtre se lèvera enfin, nous verrons le socialisme installé en maître dans notre France, comme les émigrés de 93 trouvèrent en rentrant les hommes du Tiers devenus possesseurs de leurs châteaux, et toute notre conduite devra tenir compte de cette révolution.

Il y aurait beaucoup à dire sur ces transformations spontanées, auxquelles devront se super-

poser et avec lesquelles devront s'agencer les
modifications moins graves que nous propose-
rons bientôt. Je vais, pour préciser, me borner à
chercher briè·ement l'attitude que nos compatriotes — et la plupart des Européens avec eux
— me paraissent appelés à devoir prendre devant les questions fondamentales que se pose
toute pensée humaine : d'abord le problème de
la souffrance, de la mort et de l'au-delà ; puis
son corollaire direct des relations plus ou moins
égoïstes avec les autres hommes ; enfin, et par
contre-coup, la tendance réaliste ou mystique qui
doit présider aux conceptions politiques ou sociales. Ce n'est pas nous écarter de notre sujet;
c'est plutôt en poser les jalons nécessaires que
de nous demander si les hommes de demain
subiront la seule impulsion de leurs besoins
immédiats ou s'ils auront la préoccupation de la
société future : quelle part, si l'on veut, de Slavisme à la Tolstoï ils garderont dans leur probable Américanisme.

L'attitude des hommes devant la souffrance
et la mort a été modifiée plus que tout autre
trait de leur physionomie antérieure et c'est ce
qui frappe d'abord quand on les examine. La
mort préexistait à la guerre ; elle était un fait
simple, constant, habituel, prévu ; mais, en prin-

cipe, elle ne s'appliquait qu'aux autres et par accidents isolés. Chacun savait qu'il devait mourir ; mais, sauf quelques âmes mystiques, philosophiques ou religieuses, on se répétait rarement le *Memento mori* du trappiste. On saluait un enterrement dans la rue en allant à son bureau ou à son laboratoire et l'on n'y pensait plus. Quelques-uns attendaient dans l'angoisse et les larmes la disparition d'un être cher ; d'autres pensaient avec une satisfaction mauvaise à l'état désespéré d'un vieillard qui devait leur laisser une place ou un héritage. Mais, quand un accident de chemin de fer ou un éboulement avaient tué à la fois quatre ou cinq personnes, cela semblait un cataclysme. Et surtout on était accoutumé à penser que tout l'effort humain, les assassins mis à part, doit tendre à retarder, à empêcher, à soulager la mort. Or voici que, depuis quatre ans, l'élite de l'humanité s'exerce journellement à tuer en même temps qu'à mourir. Voici qu'une trombe inlassable d'obus et de balles s'abat sans discontinuer sur les plus jeunes, les plus forts, les plus ardents, les plus imprégnés de vie, ceux dont on n'avait jamais envisagé sérieusement la disparition possible, parce que, tout en les sachant mortels, on se croyait assuré de mourir avant eux. Ils sont morts cependant et, dans quelque mesure, on a participé à la mort de ces enfants pour lesquels on aurait volontiers donné sa propre vie, puisqu'on en a sciemment voulu tuer d'autres pareils à eux, dont le destin était lié au leur par une épouvantable connexité. Tout combattant, 'out homme de l'arrière qui demande ou accepte la continuation de la lutte est pareil à un héros de drame tenant dans sa main la coupe de poison ou le poignard, par lesquels se dénouent les tragédies, les brandissant avec fureur et ignorant qui ils iront immoler au cinquième acte... Ce n'est pas tout. Voici les blessures les plus douloureuses inspirant, pour premier sentiment à celui qu'elles frappent, un immense soulagement de se retrouver encore en vie !... Et combien de mutilations ont semé nos villes de misérables déchets humains qui se chauffent presque gaîment au soleil !... Combien de cerveaux, ébranlés par une épreuve disproportionnée à leurs forces, ont sombré dans la folie !...

Quand, sortis de la mêlée, nous aurons le loisir de contempler un tableau dont les lignes seront enfin fixées ; quand on pourra compter les survivants ; quand les uns se réuniront avec joie, tandis que les autres éprouveront plus atroce par ce contraste même l'horreur des séparations irrémédiables, nous ne pourrons manquer d'avoir pour quelque temps une autre humanité, à la fois plus courageuse devant son propre destin et plus indifférente à la mort du voisin, endurcie. Résignons-nous y d'avance. Le trop d'accoutumance à la mort ne fait pas seulement des héros, mais aussi ces garçons d'abattoirs qui ont pris une part forcenée dans tous les massacres populaires de notre histoire, depuis les Cabochiens jusqu'aux Septembristes. De toutes façons, on n'attachera plus à la vie humaine le prix un peu disproportionné que notre sentimentalité édulcorée et affadie de pacifistes finissait par lui attribuer. On sera brave sans étonnement et sans tension et, dans les heures de crise, on pensera à autre chose qu'à se montrer braves. On gardera un peu plus présente à l'esprit cette notion élémentaire que la mort est l'état normal dont la vie est un éphémère accident, comme la lumière est un cas très particulier dans le noir, comme la paix est un entr'acte dans la guerre, et l'on en tirera les conclusions.

J'excepte naturellement ici ces spectateurs inutiles qui n'assistent aux tragédies les plus passionnées que pour sucer des bonbons dans une loge en critiquant les robes des actrices. Les autres seront amenés à envisager plus sérieusement les conséquences que doit entraîner pour la conduite humaine l'imminence fatale de la mort. Ce n'est pas la première fois que ce problème se pose à l'état aigu pour tout un peuple et nous savons par expérience quelles deux solutions opposées on y a toujours données. Après les massacres de Marius et de Sylla, après la guerre de Cent Ans, après la Révolution de Cromwell, après la Terreur, on a toujours vu les hommes tirer du même fait les deux mêmes conclusions extrêmes et opposées : les uns se précipitant dans la jouissance et les autres dans l'ascétisme. « Profitons de la vie puisqu'elle est brève !... Pensons à ce qui la suivra !... » Le crâne que saint Jérôme garde dans sa cellule pour penser à Dieu, les soupeurs de Pétrone le posent, sculpté en argent, sur la table de leurs banquets pour s'exciter à l'orgie. Nous pouvons nous attendre — et c'est un premier point — à une explosion de débauche pareille à celle du Directoire, tandis que des âmes plus délicates se réfugieront dans la charité, dans le silence du cloître, dans le travail désintéressé et solitaire...

On verra, en même temps, une poussée d'industrialisme destinée tant à compenser les ruines qu'à donner des moyens de plaisir (nous aurons à en tenir compte); mais il pourra se produire, d'autre part (ce que nous n'aurons pas à envisager) une floraison d'art et de poésie, comme il y en eut au début de l'Empire Romain, à la Renaissance, après les guerres de l'Empire. On a dit, à ce dernier propos, que l'épanouissement de 1830 n'était pas né d'une période troublée à laquelle son germe préexistait. Mais croit-on que Hugo aurait été Hugo, s'il n'avait pas été promené enfant à la suite de la Grande Armée de l'Espagne à l'île d'Elbe, si sa jeunesse livrée à elle-même n'avait pas joué dans le jardin des Feuillantines ? Oublie-t-on ce que de Vigny et de Musset ont écrit dans *Grandeur et Servitude militaires* ou dans la *Confession d'un Enfant du Siècle* ?... La guerre est un fléau ; mais de la destruction, de la pourriture même, le soleil peut faire renaître une vie nouvelle.

Ceci est presque une parenthèse ; mais ce qui rentre dans notre sujet et ce que le cas de Vigny nous suggère, c'est l'impression d'équilibre rompu qu'il faut s'attendre à rencontrer dans les pensées comme dans les choses. Des vertus qui semblaient principales cesseront de trouver leur emploi et se reporteront avec force dans une direction inaccoutumée ; des vertus oubliées devront se reconstituer.

Un autre ordre d'idées où la guerre aura pu

amener des modifications intéressantes pour notre étude, ce sont les rapports des hommes entre eux, dont la forme sinon le fond, le degré sinon la substance (je laisse maintenant de côté la floraison certaine du socialisme) vont se trouver changés. La guerre a produit un énergique brassage humain ; elle a amené, entre des professions peu habituées à se rencontrer, des contacts imprévus, développé de merveilleux dévouements et des sacrifices admirables. Devons-nous compter, comme le font les optimistes, qu'il en résultera, sans effort ni sacrifice de notre part, une atténuation immédiate de nos luttes intestines, une compréhension plus amicale et des rapports moins tendus entre des hommes qui se considéraient de loin comme des ennemis ? Si c'était vrai, ce progrès payerait bien des misères. Et peut-être cela aurait-il pu être vrai si la guerre s'était achevée rapidement dans l'atmosphère enflammée du début, après quelques mois où le « Front » n'aurait eu aucune relation avec l' « Arrière ». Dans les conditions actuelles, je crains bien que le progrès espéré se borne à peu de chose. Peu à peu, malgré tant de lamentables retards et incertitudes, un tassement s'est effectué qui a reconstitué une nation analogue à la nation d'avant-guerre, où, naturellement, les hommes se sont divisés par catégories, où ceux qui possédaient une valeur en ont retrouvé l'emploi, où les inutiles, les maladroits, les débiles, les peureux ont été relégués aux mauvaises places, où l'ouvrier électricien ou mécanicien a été avantagé par rapport au manœuvre, où le médecin a repris son rôle dans un hôpital, où l'étudiant en mathématiques capable de calculer un angle de tir a reçu les galons d'officier de préférence à un paysan ignorant... Et les jalousies ont reparu, comme elles existeront toujours tant que l'inévitable inégalité entre les capacités ou les œuvres entraînera des inégalités dans les situations. L' « intellectuel » a pu trouver quelque temps un attrait de nouveauté, une détente et un délassement à découvrir les âmes frustes de ses compagnons ; mais bientôt la nostalgie l'a repris des idées générales, des observations artistiques ou scientifiques... L'éducation démocratique a pu s'améliorer dans les deux camps ; mais elle reste très incomplète de part et d'autre. Si nous voulons qu'elle arrive un jour à porter ses fruits d'union et de stabilité — et nous devons le vouloir avec toute notre énergie, — nous aurons à développer un effort tenace et persévérant, dont la guerre n'aura que facilité la première étape. La question sociale n'est pas résolue parce que tous ont été un moment égaux devant le danger ; elle se posera demain avec une acuité que pourraient bien surexciter, si l'on n'y prend garde, des impôts démesurément accrus et les langueurs à retours fébriles de la convalescence.

Si du dedans nous passons au dehors et si nous envisageons nos rapports avec les peuples étrangers, il me paraît également naïf de prévoir un embrassement général dans une apothéose aux feux de Bengale célébrant la fin heureuse de la dernière guerre qui aura déchiré l'humanité. Quand on parle des guerres futures comme d'une presque certaine nécessité, on est regardé d'un mauvais œil par les pacifistes et accusé de désirer la guerre, de la rapprocher parce qu'on la prévoit, absolument comme, avant 1914, ces mêmes pacifistes poussaient chez nous à un désarmement, à une impuissance militaire que nous payons par quatre ans de combats et des millions de morts. Je ne suis pas de ceux qui célèbrent à la Joseph de Maistre les vertus bienfaisantes de la guerre. Pour quelques rares avantages moraux, elle entraîne tant de calamités que je n'hésite pas à la considérer comme une abomination monstrueuse. Mais je n'en suis que plus à l'aise pour soutenir qu'elle devra très probablement durer ou renaître longtemps encore, sauf quelques intervalles de calme analogues à la Paix Romaine, absolument comme il y aura toujours des assassins, parce qu'il y aura toujours des peuples à âme germanique prêts à se jeter sur un voisin débile pour le piller en l'assassinant et parce que les gendarmes des nations seront nécessairement des armées, tout organisées pour ce brigandage...

Ainsi donc, et pour nous résumer, une moyenne de jeunes gens plus énergiques, plus combatifs, plus dépouillés de préjugés, plus accessibles aux idées nouvelles : par conséquent plus aptes à recevoir des suggestions comme celles dont il sera question ici ; mais aussi trop d'hommes-épaves considérant leurs infirmités ou les services rendus comme un droit à l'oisiveté ; une poussée de matérialisme industriel, avec quelques îlots idéalistes ; beaucoup de bravoure, mais un peu désœuvrée par l'application trop exclusivement guerrière qu'on s'est accoutumé à faire de ce courage et, en regard, quelque férocité ; telle sont les principales modifications spontanées que nous apercevons dans le tempérament national.

En même temps, un état de choses général très rude et une après-guerre ressemblant plus qu'on ne le voudrait à la guerre ; des groupements de-nations hostiles perpétuant les haines du champ de bataille ; entre alliés d'hier, les inévitables dissensions soulevées par des conflits d'intérêt ; entre concitoyens, l'union sacrée risquant de faire place aux luttes provoquées par le développement immodéré des charges publiques ; les paysans opposés aux ouvriers ; des barrières de douanes ; des trusts ; des syndicats ; l'écrasement des individus sous la discipline nécessitée à tous les degrés par la continuation des rivalités sous la forme économique ; le travailleur militarisé dans sa corporation ; la corporation dominée par la toute-puissance de l'Etat ; les États liés entre eux par l'enchevêtrement des traités commerciaux ; l'Europe affaiblie et appauvrie en face de l'Amérique ou de l'Asie grandissantes ; tel est le milieu dans lequel ces hommes nouveaux vont évoluer...

Le tableau ne paraîtra pas flatté ; mais raison de plus pour s'apprêter courageusement à réagir ! Il ne s'agit pas de déplorer ce que l'on constate ou l'on prévoit, ni de s'aveugler comme l'autruche qui se cache la tête contre un arbre. Célébrer la « marche à l'étoile » de l'humanité, prophétiser l'Age d'Or, congratuler ses concitoyens sur leurs vertus, lancer des cocoricos retentissants pour saluer l' « Aurore de la Paix » est facile et fructueux. Mais l'un des buts de ce livre est précisément de nous encourager tous à abandonner le royaume des mots, a répudier les tirades romantiques, à ne plus spéculer sur les abstractions, à ne plus croire au « bon sauvage » de Jean-Jacques. Mettons-nous froidement en face de la réalité ! Nous constatons des énergies, il faut les canaliser ; un besoin d'initiative, il faut le diriger ; un appétit d'activité, d'industrialisme et de jouissance, il faut le mettre à profit; une vulgarisation de la bravoure, il faut en tirer parti dans toutes les circonstances de la lutte future ; quelques mauvais instincts surexcités, il faut contre eux se tenir en garde. Ce faisant, gardons, quoi qu'il arrive, la volonté d'utiliser nos forces à leur maximum et une foi inlassable dans notre pays !...

# CHAPITRE II

## Notre programme. Nos moyens d'action.

Ne pas transformer mais retoucher le tempérament
national. — Rôle de la morale professionnelle, de la
propagande, de la presse, de l'éducation enfantine.
— Notre programme : sens pratique ; stabilité ; discipline.

La situation, qui va nous imposer à tous un
effort viril et exiger de notre part une adaptation morale et intellectuelle à des conditions
nouvelles, peut s'exposer de la manière suivante,
en utilisant les données déjà acquises.

L'après-guerre va commencer. Elle sera, suivant toutes vraisemblances, une prolongation de
la guerre, également dure, et nécessitant, elle
aussi, des sacrifices, des restrictions. La bataille
y sera peut-être plus décisive encore, parce que
nous y serons moins entourés et soutenus et
parce qu'elle se livrera entre des organismes déjà

affaiblis, dont les blessures deviendront plus aisément mortelles. Or, nous avons commis, pendant l'avant-guerre et pendant la guerre même, des fautes graves, non par manque de courage, d'énergie, d'adresse ou de science, mais par défectuosité de préparation, de méthode, de coordination, de continuité, de discipline. Ces fautes, nous devons d'abord nous attacher à les reconnaître — ce qui est relativement facile dans la vive clarté que les événements ont projetée sur elles ; — mais nous devons surtout tendre à en éviter la répétition. Avouer ses erreurs et se résoudre à n'y plus retomber, c'est le premier point.

Mais, quand un directeur de conscience se trouve en présence d'un pécheur repentant, il ne se contente pas de lui commander : « Ne péchez plus ! »; il s'efforce de lui tracer un plan de conduite, destiné à l'affermir dans ses résolutions, à le mettre en garde contre les occasions de faillir, à le rendre plus fort dans la tentation. Quand un médecin avisé a commencé par tirer son malade d'une fièvre aiguë, il lui donne des conseils d'hygiène pour le fortifier pendant sa convalescence et l'empêcher de se contaminer de nouveau. Quand un peuple a subi une crise sanglante et douloureuse, où le traumatisme des blessures extérieures n'a fait que faciliter et étaler l'introduction, la floraison des microbes pathogènes, on doit mettre ses phagocytes en état de défense. La France n'a pas seulement reçu des éclats d'obus et des balles venant de l'ennemi ; elle était déjà prédisposée à l'intoxication avant la guerre : moins peut-être que d'autres peuples ; assez cependant pour qu'un singulier sursaut d'énergie lui ait été nécessaire et pour que, malgré toute cette énergie, la lutte se soit éternisée contre un ennemi inférieur en nombre, en moyens matériels, en valeur morale, mais mieux organisé, mieux préparé pour se frayer à coups de poing sa place dans un monde hostile. Tracer un tel programme d'organisation et de préparation est le but de ce livre, sans que l'auteur ait aucune qualité spéciale pour le soutenir : simplement parce qu'il faut un résonateur quelconque à des ondes sonores disséminées de tous les côtés dans l'air.

A vrai dire, ce ne sont pas les conseillers ni les programmes qui manquent à notre pays ; et l'on pense vite à la fable du *Meunier, son fils et l'âne,* quand on voit que l'un l'engage à modifier ses institutions, l'autre à changer son personnel dirigeant, le troisième à reformer ses mœurs. La France n'a même pas la ressource de « faire à sa tête et de faire bien » ; car la France, quoique représentée, dit-on, par le suffrage universel, est une collectivité abstraite, dans laquelle interviennent, chacun pour sa part, tous ces conseillers rencontrés sur la route, dont il s'agit d'accorder ou de classer les bons avis. La France, c'est vous, c'est nous, ce sont tous les Français, qui ne s'entendent jamais que pour critiquer, et non pour apporter un correctif aux choses critiquables.

Voici donc un premier carrefour sur notre route, une première décision à prendre. Par où commencer nos réformes : par les institutions, par les hommes, ou par les mœurs ? Les trois méthodes peuvent avoir leurs avantages suivant les cas ; mais n'ayant pas le moyen de les étudier toutes, nous étions forcés de manifester une préférence. Le titre de ce livre indique déjà quel a été notre choix.

D'autres objecteront : « Il est long de corriger les mœurs ; il est plus court de modifier les institutions et encore plus rapide de changer les hommes. » D'accord, mais c'est précisément pour cela que je préfère la route la plus lente, comme la plus progressive et la mieux destinée à donner des résultats durables. On doit laisser aux arbres le temps de pousser en développant leurs racines. En matière expérimentale, un grand savant qui m'est cher, répétait volontiers cet aphorisme : « Le plus long, c'est le plus court »... Si j'étais député ou jurisconsulte, je raisonnerais sans doute autrement ; mais je suis naturaliste et mon attention a été attirée de préférence sur les phénomènes de l'évolution, où l'influence continue qui modifie les êtres est celle du milieu. Un changement graduel dans la salinité a pu amener une race d'eau douce à s'acclimater dans la mer ; une introduction de lumière atténuée a pu habituer des générations d'insectes cavernicoles et aveugles à percevoir des sensations visuelles. Il n'est pas défendu de penser qu'une méthode assimilable arriverait, en quelques siècles, à transformer un Boche en un honnête homme et, qu'avec un peu plus de rapidité, espérons-le, elle fera d'un Jacobin un homme sensé...

J'ajoute que, pour participer à la confection des lois, ou pour renverser un ministère, il faudrait être un élu du peuple. Pour essayer de modifier son tempérament et celui de son entourage, il suffit d'apporter sa bonne volonté...

Je ne nie, d'ailleurs, en aucune façon, l'utilité, ou même la nécessité de bonnes lois bien appliquées ; et, loin de professer qu' « il n'y a pas d'hommes irremplaçables », ou que « tout le monde a plus d'esprit que M. de Voltaire », j'attache, au contraire, une importance essentielle à l'action déterminante de quelques individus. Les surhommes peuvent émaner de leur milieu suivant la théorie de Taine, ou en représenter une excroissance maladive selon la thèse de Lombroso : il n'en est pas moins vrai que, dans la plupart des entreprises industrielles, commerciales, financières, et, par conséquent, aussi politiques, on peut dire : « Tant vaut l'homme, tant vaut l'affaire. » Ce n'est donc, en aucune façon, par méconnaissance de leur importance que nous ne discuterons pas ces deux côtés de la question ; c'est parce qu'ils sortent du sujet restreint auquel nous avons dû nous borner. Les lois sont surtout nécessaires dans des cas que nous ne traiterons pas : quand il s'agit d'encourager le développement industriel par le protectionnisme, de décentraliser, de pousser à la nativité par des avantages fiscaux, de rétablir les finances publiques ; toutes les fois notamment que l'intérêt immédiat de l'individu est en contradiction avec l'intérêt général, dont l'expression la plus concrète, sinon toujours la plus réelle, est l'action législative. Une loi ne peut pas inspirer des qualités morales, que nous envisageons seules ici ; tout au plus en imposer l'apparence.

Et, de même, un chef de gouvernement ne peut que tenir compte d'un milieu sur lequel il n'a jamais le temps de voir son influence se produire ; son plus grand effort pour échapper à la bourrasque sera de louvoyer avec le vent, non de s'y opposer, ce qui aboutirait à casser la barre. Il peut jeter des semences d'avenir qui germeront après lui ; il est surtout conduit à utiliser, à canaliser des énergies et des violences qu'il ne lui appartient pas de réprimer...

Mais, si nous admettons qu'un ministre peut si peu de chose, lui qui semble omnipotent, que pourrons-nous donc, nous, pauvres diables d'écrivains qui ne sommes même pas ministres ? Nous nous arrêtons ici, avant de préciser notre programme, pour nous poser cette question préjudicielle. Prétendre agir sur les mœurs, transformer les idées, les opinions, les préjugés, c'est fort bon à dire ; est-ce exécutable, et comment ?...

L'objection porte très juste. Je ne crois pas possible de *transformer* un tempérament national, sinon par des retouches infiniment lentes et localisées qui nécessitent le concours des événements et des hommes. Et j'ajoute aussitôt que cette persistance, malgré tout, du tempérament national, contre laquelle aucun effort, aucun incident extérieur ne peuvent rien, me paraît en définitive bonne et fructueuse. Un Français doit rester un Français, comme un Anglais reste Anglais, un Espagnol, Espagnol et même un Allemand, Prussien. Nous nous proposons de signaler certains changements de nuances qui nous semblent désirables ; mais il ne s'agira presque toujours que de nuances ; si je m'imaginais stupidement pouvoir exercer sur le caractère français une action profonde et intense, comme Chantecler faisant lever le soleil, je me garderais de parler et je considérerais ma parole comme funeste. C'est l'ensemble des qualités et des défauts, ce sont les particularités qui font la valeur des nations et des races. L'humanité serait odieusement enlaidie et abaissée si elle était tout entière interchangeable, comme le souhaitent certains utopistes. Je vais critiquer plusieurs traits qui particularisent un Français ; mais je suis Français et l'on pourrait aisément appliquer à mes réflexions le syllogisme du Crétois menteur. Je vois les défauts de ma race ; mais cette race est la mienne et, parce que ces défauts sont les miens, je serais désolé de les perdre entièrement : car ce qui, d'un côté, apparaît défaut, de l'autre est vertu, et quelques-uns des défauts auxquels je vais m'attaquer avec insistance ne sont que des exagérations de vertus, nuisibles parfois dans notre réalisme terrestre.

Non, je ne voudrais pas, quand même cela devrait nous assurer la domination du monde, que le caractère français fût prussianisé, puisque tant des enfants de la France sont morts, parce que tout Français aime mieux mourir que d'être Prussien. Ce qui nous est odieux, ce contre quoi toutes les énergies vitales de notre être se soulèvent, ce n'est pas tant la défaite, la sujétion, la souffrance physique, c'est l'idée de devenir semblables ou assimilables à des êtres qui se disent humains et qui, de leur côté, sont fiers d'eux-mêmes, mais qui nous apparaissent à nous en dehors de l'humanité. Nous ne voulons à aucun prix que nos enfants puissent jamais proclamer avec une conviction cynique : « Les faibles n'ont pas droit de vivre. La force doit primer le droit. Le but de l'humanité, c'est d'accroître sa puissance en sous-marins, en zeppelins et en canons. » Voilà ce qu'un Allemand ne saurait comprendre, lui qui se proclame dépositaire de la Culture universelle, lui qui plastronne en se disant prussien. Nos crânes ne sont pas faits de même et on ne force pas une rose à devenir un chardon, quoique le chardon tienne sa place auprès de la rose dans la nature et se hérisse orgueilleusement de ses épines.

Ces réflexions étaient nécessaires en commençant pour aller au devant d'objections qui seraient bientôt venues à l'esprit du lecteur. Je me garderais de vouloir défleurir la rose de France ; je désirerais seulement, avec la foi d'un converti, que notre beau pays sût, pour se défendre, développer un peu plus le germe de ces épines qui lui sont nécessaires et qui surabondent chez son voisin, le chardon.

Et alors, cette objection étant levée, le principe général de notre intervention étant admis, nous revenons à nous demander : « Peut-on agir sur les mœurs ? Comment ?...»

Ecartons aussitôt, — c'est fait déjà — l'idée qui se présente la première à tout esprit français : prendre des arrêtés, édicter des lois. Pour aboutir à des modifications profondes et durables, le moyen qui s'impose à tout homme d'action ou de parole, est de faire manœuvrer les leviers que l'expérience a montrés susceptibles d'influer avec le temps sur la mentalité publique ; et le premier d'entre eux me paraît être cette très grande force sociale que l'on appelle la morale professionnelle. Les hommes règlent beaucoup leur conduite sur l'opinion que l'on aura d'eux dans le milieu où ils sont appelés à vivre. Non pas seulement par cet instinct d'imitation qu'utilisa un jour Panurge pour se venger de Dindenaut, mais surtout parce que la vie leur deviendrait intolérable s'ils ne se conformaient pas aux règles imposées par leur entourage. De là vient le despotisme des syndicats; ainsi s'organisent les grèves. Dans tous les métiers, dans tous les groupements humains, il existe des prescriptions très strictes pour ce qui touche aux intérêts de la corporation, très relâchées quand les intérêts des étrangers sont seuls en cause : « Trompez sur le poids de vos denrées; mais ne vendez pas au-dessous du prix convenu en commun... Commettez toutes les indélicatesses au dehors; mais réglez au cercle vos dettes de jeu... Lancez des émissions véreuses; mais payez, sur un coup de crayon, vos différences de Bourse... Conseillez une opération chirurgicale inutile; mais n'acceptez pas d'aller soigner un mourant qui appartient à un confrère... »

Donc, pour réformer les mœurs d'un groupement humain, il suffit de modifier l'opinion moyenne que ce groupement a conçue sur le point en litige : problème du même ordre que celui qui a pour but de « faire prendre » la mode d'une robe ou d'un chapeau. Si, à l'atelier, à la foire, dans les salons, on était regardé de travers quand on n'a pas voulu d'enfants, comme on le serait si on ne versait pas à boire dans une auberge, ou si, faubourg Saint-Germain on passait sa serviette dans son col et plongeait sa fourchette dans sa soupe ; si « la distinction » voulait qu'on eût un métier au lieu de trouver l'oisiveté élégante ; si, à l'heure du thé et des petits fours, on percevait un mouvement de réprobation à la place de sourires dès qu'on commence à attaquer le gouvernement ; si « cela se faisait » dans le peuple de croire en Dieu au lieu qu'il fût ridicule d'aller à la messe, on retrouverait vite une France féconde, travailleuse, disciplinée et encouragée à accepter la vie par un principe de Foi... Pour créer ces courants d'opinion, les moyens sont connus et d'application commerciale quotidienne : la propagande, la répétition, l'action de la presse, la réclame... Il n'est même pas nécessaire d'atteindre les majorités ; toujours et partout, ce sont les minorités qui décident et qui gouvernent. Pour créer un mouvement, lancez un certain nombre d'ondes qui se propageront ensuite chacune de leur côté et dont l'enveloppe, au sens géométrique du mot, déterminera une onde plus large !...

Parmi les moyens que je viens de citer, on

m'opposera que la Presse a perdu toute influence depuis la guerre par l'atmosphère de mensonge dans laquelle une censure maladroite l'a contrainte à vivre. Cette influence, soyez-en sûrs, elle la retrouvera vite dès qu'on ne lira plus, dans les feuilles de toutes les opinions, le même communiqué stéréotypé. Le Français veut avoir « son journal » et non un Officiel commun à tous. Mais il croit par définition ce journal qu'il a adopté, comme il croit, de préférence à tous les discours ministériels, le Monsieur bien informé qui a un cousin beau-frère d'un huissier à la Direction de l'Artillerie, ou simplement la fruitière du coin et le poilu rencontré en chemin de fer. Le Français n'est pas obéissant ; il ne supporte pas, comme le ferait un Allemand, que « Monsieur Lebureau » lui impose une consigne ; mais, quand, dans le journal de son opinion, un petit jeune homme inconnu, qui ne signe même pas ses articles, lui a répété un certain nombre de fois que X... est un gredin, ou le projet de Y... une trouvaille, ou que le triomphe du parti commande telle attitude, à la condition que son intérêt personnel ne soit pas trop directement en jeu, il finit par s'en croire convaincu. Dans cette mesure et par cette infiltration progressive, je crois à l'influence de l'écriture et de la parole...

Pour ne prendre qu'une question essentielle, au sujet de laquelle les hommes devraient être le plus indépendants, la croyance religieuse, attribue-t-on au hasard ou à des raisonnements philosophiques le fait que, depuis deux siècles, la bourgeoisie passe alternativement et toute ensemble de la pratique à l'incrédulité, puis à l'orthodoxie, tandis que le peuple reste généralement en retard dans le plateau précédent et par conséquent inverse de la balance?...

Il est encore un autre mode d'action que je ne saurais passer sous silence bien qu'il soit délicat de l'aborder incidemment: c'est la formation de l'enfance et de la jeunesse. Celle-ci s'opère par trois voies : l'atavisme; l'influence de la famille et du milieu ; l'éducation du maître. Nous ne pouvons rien sur les deux premières, sinon à longue échéance et, pour la dernière, je ne voudrais pas qu'on l'accentuât dans un sens réaliste. Je crois bon que la jeunesse passe par une phase d'utopies généreuses et d'illusions, avant de se laisser trop exclusivement envahir par le souci de son intérêt personnel. Néanmoins, grands mots pour grands mots, ou même, si l'on veut, chimères pour chimères, on pourrait peut-être mieux choisir qu'on ne le faisait depuis quelque temps par esprit de combat contre le

militarisme et contre l'église, et j'espère que,
dans une certaine mesure, l'évolution se produira d'elle-même. Nos professeurs étaient, en
moyenne, il n'y a pas à le dissimuler, des prédicateurs de pacifisme et d'internationalisme.
Ils se montraient, en cela, les dupes très sin-
cères des idées régnantes et les premiers idéologues d'une France où les forces intellectuelles
avaient dévié vers l'idéologie. Le jour où la
guerre a éclaté, ils ont fait leur devoir de soldats,
aussi bien, souvent mieux que personne, et nulle
corporation n'a été plus cruellement frappée
sur les champs de bataille que la leur. Ceux qui
restent auront, j'imagine, compris le danger de
se fier au désarmement universel ou à la levée
en masse et seront par suite plus disposés à
prêcher la discipline. Il leur arrivera plus souvent de célébrer la patrie, toute la patrie et non
seulement la France de la Révolution qui semblait avoir monopolisé toutes les gloires. Ils
parleront davantage du devoir en insistant moins
uniquement sur les droits de l'homme. A l'occasion même, il pourra leur arriver de prononcer
le nom proscrit de Dieu, qui, indépendamment
de toutes les religions livrées aux disputes des
hommes, demeure l'expression suprême de nos
efforts pour échapper à l'emprise de la matière.

En ce qui concerne l'enseignement secon-
daire et supérieur, il me paraît inutile d'aborder
ici les plans d'étude. C'est une trop grosse question et dont tout le monde s'occupe déjà. L'instruction me semble moins destinée à inculquer
des connaissances précises, bientôt oubliées, ou
des « idées générales », auxquelles l'enfant ou
même l'adolescent ne comprennent rien quand
ils ne les rattachent pas à quelque chose de concret, qu'à forger l'instrument cérébral, avec lequel, une fois sorti des écoles, on pourra accomplir un travail quelconque, pourvu qu'on ait appris
à organiser sa tâche, à l'accomplir avec méthode,
à observer et à raisonner juste. Mais un danger
qui me frappe dans l'enseignement, et qui se
rattache bien à cette idéologie contre laquelle
je vais rompre tant de lances, c'est la tendance
à s'imaginer que l'on peut manier des enfants
ou des hommes sans faire appel aux deux res-
sorts essentiels de l'amour-propre ou de l'intérêt. Toujours dominés par le paradoxe de Rousseau sur la perfection première de l'homme, nos
pédagogues ou puériculteurs ont décidé qu'il
était dégradant de s'adresser à de tels mobiles
et l'on a prétendu s'appuyer directement sur des
idées trop hautes pour être généralement efficaces. Il est parfait de proclamer que « le tra-

vail trouve en lui-même sa récompense » ; mais, à douze ans, on envisage volontiers cette récompense abstraite comme le Chalcas de l'opérette : « Trop de fleurs, trop de fleurs ! » Quant à l'amour-propre, si l'enfant ne doit plus l'appliquer à ses compositions, ou même (*vade retro, Satanas !*) à la préparation du Concours général, il en trouvera, croyez-le, un autre emploi dans le luxe de ses cravates, l'abondance de ses cigares et, un peu plus tard, dans la précocité de ses vices.

Je n'insiste pas et j'arrive enfin au programme annoncé depuis le début de ce chapitre. Nous le résumons en trois substantifs, suivis de trois verbes : les premiers représentant la formule à inscrire sur nos monuments, nos ministères et nos usines ; les seconds l'action efficace qui doit en résulter : *Sens Pratique, Stabilité, Discipline... Savoir, Vouloir, Espérer...* Ce qui n'exclut pas le maintien de l'ancienne formule, pour laquelle les Français se sont enthousiasmés il y a un peu plus d'un siècle : Liberté, Égalité, Fraternité ; mais ce qui peut aider à sa réalisation en montrant le chemin pour aboutir.

La formule classique est belle, mais ne suffit pas, et il faut distinguer entre ses termes. La Liberté, nous la possédons depuis longtemps, à la

condition, comme disait Figaro, de..., de..., de..
et de ne pas... Nous en jouissons comme d'un
patrimoine héréditaire et nous n'y pensons plus;
mais on nous retrouverait vite debout pour la
défendre le jour où quelqu'un de ses adversaires modernes, le socialisme par exemple, pré-
tendrait sérieusement nous en dépouiller...
L'Égalité est d'un usage beaucoup plus journalier et c'est à vrai dire le bien qui importe le
plus à un Français pur sang ; elle s'exprime trop
souvent par la fable du *Renard à la queue.
coupée* ; car il est bien plus facile de niveler par
en bas que par en haut... Quant à la Fraternité,
c'est le pendant de « l'Union sacrée », une admirable doctrine évangélique, où tout se résume,
mais pour la pratique de laquelle l'humanité
réserve des jours de fête très rares et un diman-
che de loin en loin.

Les trois principes que je propose sont d'un
caractère moins idéal, d'une valeur moins haute,
mais plus concrets. Ils gravitent autour du Sens
pratique, qui en est l'essentiel et dont les deux
autres, Stabilité et Discipline, dérivent en une
certaine mesure. Les appliquer serait gravir un
premier échelon nécessaire pour atteindre cette
prospérité du pays, sans laquelle il est à craindre
pratiquement que liberté, égalité et surtout fra-

ternité ne demeurent des chimères : rien n'étant suggestif d'oppression, de compétition et de haine comme l'universelle misère.

Est-il besoin d'ajouter que, par-dessus ce programme relativement modeste, tout notre effort va tendre à dégager et à défendre l'intérêt général : celui-ci, comme on l'a dit très justement, n'étant jamais la somme des intérêts particuliers? L'intérêt général manque toujours de défenseurs, surtout dans une démocratie ; il est très lointain, très nébuleux et sans mandataire officiel contre la coalition des intérêts particuliers, agissants, remuants et abondamment représentés dans toutes les Assemblées ou les Corps recrutés par élection. C'est le Bon Dieu, auquel on envoie un salut respectueux et distrait au fond de son grand ciel inaccessible, tandis que l'on réserve les chaudes prières et les cierges pour les saints plus présents dans leurs petites chapelles et plus disposés, pense-t-on, à rendre de menus services. On ne saurait vraiment déranger Jéhovah, comme on recourt à saint Antoine de Padoue, pour retrouver son parapluie.

Nous garderons constamment présente la pensée de cet intérêt général et je pense par là, beaucoup plus qu'en disant des choses nouvelles,

être un peu utile. Étranger à toute coalition, à
toute caste, à tout parti politique, à toute com-
binaison financière ou industrielle, indépendant
autant qu'on peut l'être par situation et par volonté ferme de le rester, j'espère ne jamais donner prise au soupçon de poursuivre, en défen-
dant une opinion, tel ou tel avantage personnel...
Mais, cela dit, j'éviterai, dans les pages qui vont
suivre, d'invoquer à tout propos cet intérêt général. Nous tendrons vers lui par la résistance
active que nous allons organiser contre les frottements, les inerties, les viscosités adverses.
Mais ce serait rentrer dans le verbiage grandilo-
quent dont nous voulons nous délivrer que de
proposer dès le départ ce but lointain à nos
efforts et, marchant encore dans la plaine Saint-
Denis, d'afficher sur la pancarte du premier carrefour : « Chemin du Mont-Blanc. » Je le répé-
terai ou je le sous-entendrai à toutes les pages :
« Soyons concrets ; ne visons pas trop loin ;
restons pratiques ! » Gravissons d'abord les
premières collines qui nous masquent l'horizon,
fussent-elles des taupinières ! Assurons-nous
que notre direction est la bonne et cheminons
sans trop de hâte ! La dernière étape qui mène
au sommet n'est souvent ni la plus difficile ni la
plus longue ; plus on monte, plus on voit clair

en avant comme en arrière; la besogne ardue, fastidieuse et nécessaire est dé commencer par se dégager des marécages et des broussailles qui encombrent le pied des monts...

# CHAPITRE III

## La réforme de notre mentalité
## dans le sens pratique.



En énonçant bientôt la nécessité de la stabilité
et de la discipline, je rencontrerai probablement
peu d'opposition théorique. Peut-être même
semblerai-je enfoncer bien solennellement des
portes ouvertes. Pour le sens pratique, il en serait
de même si nous nous bornions à inscrire la formule sans commentaires, ou si je n'attaquais ici
que des défauts de conduite évidents comme la
vanité, la légèreté, l'égalitarisme. Mais, dès que
nous allons préciser certaines applications du
réalisme — et ce sont celles que nous traiterons
d'abord parce qu'il s'agit là de simples retouches
faciles si on se met d'accord pour les désirer —,

il est à prévoir que nous nous heurterons à des
sentiments très vifs. Car je me propose de montrer que, dans bien des cas où le Français n'est
pas pratique, ce n'est pas par un défaut de son
esprit mais par l'exagération d'une vertu. Il s'agit
donc d'élaguer ces vertus surabondantes ; et l'on
se demande aussitôt s'il peut y avoir exagération
dans la vertu... D'une manière absolue et abstraite, non, sans doute ; dans la réalité concrète
de ce monde sublunaire et terrien, oui. Une vertu
est exagérée quand elle doit produire un résultat effectif contraire à celui qu'elle vise. Telle,
une charité faite au hasard, qui aboutirait à
rendre ses bénéficiaires paresseux, ivrognes,
joueurs, débauchés et qui, pour obéir à un commandement du Christ, leur fermerait irrémédiablement le paradis chrétien. Je vais soutenir
ici que nous sommes beaucoup trop idéalistes,
ou pour mieux dire idéologues. Ce ne sera pas
attaquer l'idéal qui doit primer toutes les réalités : ce sera simplement permettre à cet idéal
de germer, de fleurir et de fructifier, sans être
immédiatement écrasé sous le pas des chevaux
de guerre.

Idéologues, les Français le deviennent dès
qu'ils s'assemblent, dès qu'ils se groupent ; et
cette idéologie éclate d'abord en politique, mais

préexiste dans les rapports sociaux, dans le commerce, dans l'éducation même. En politique, le principe du Jacobinisme, qui continue à nous régir en prenant plus ou moins l'étiquette socialiste, est le triomphe de l'idée pure, de l'abstraction, de la théorie : l'effort pour appliquer à une foule réelle des théorèmes de logique mathématiques, tout au plus convenables pour une élite d'individus ; l'oubli des conséquences immédiates qu'entraîne la réalisation imprudente et prématurée des utopies.

Tous les gouvernements d'origine populaire, dans ce qu'ils ont de généreux et de sincère, commettent cette erreur de jeunesse. Ils suppriment le temps et l'espace ; ils anticipent sur l'avenir ; ils s'imaginent vivre déjà au moment où se réaliseront leurs propres prophéties ; ils supposent qu'en faisant sortir une locomotive des rails pour la diriger droit vers le but à travers ravins et fourrés, on accélère sa vitesse ; ils méprisent un réalisme qui caractérisait les Gouvernements bourgeois renversés par eux ; ils font fi des contingences ; ils opposent des idées préconçues aux énergies réelles qui ne demanderaient qu'à agir prosaïquement ; ils veulent croire tous les hommes parfaits et désintéressés ; ils nagent en plein mysticisme romantique ; et, comme résultat (très romantique), ils aboutissent souvent au pillage, à l'incendie, à l'assassinat, à la Terreur. Car les surenchères sont fatales ; et les dernières ne peuvent plus être offertes que par des criminels ou par des fous.

L'idéologie trop séduisante qui domine notre politique, on peut dire que nous l'avons peu à peu insufflée aux peuples du monde entier et, comme elle exerce une fascination sur les foules, le fait d'en avoir été l'initiatrice assure vis-à-vis d'elles un grand prestige à la France. Nous tous, Français, nous l'aimons d'un amour fidèle et instinctif ; toutes les leçons, parfois cruelles, de l'expérience, ne sauraient nous corriger de cette foi démagogique qui a remplacé, dans les masses populaires, la croyance à une religion évanouie. Et c'est précisément pourquoi, étant donné que l'idéologie jacobine nous a conduits à deux doigts de la mort, le mal est grave parce qu'il ne constitue pas une contamination locale et à fleur de peau, mais une imprégnation profonde de tout notre être. On cause aux fidèles de ce nouveau Dieu toute l'horreur d'un sacrilège dès que l'on ose émettre un doute sur des utopies qui appartiennent au Bloc intangible de la Révolution Sociale. Ceux mêmes qui protestent avec violence sont atteints plus qu'ils ne le croient. Il saute aux yeux qu'aucun changement de loi ni de personne n'aurait le moindre effet ; car le culte du Dieu intérieur resterait le même, le temple et les prêtres étant changés, et ce qu'on demanderait aux lois, aux hommes nouveaux, ce serait encore l'apothéose du même principe sacré.

La seule ressource est de s'attaquer à la mentalité et de crever, devant des spectateurs parfois indignés, quelques-unes de ces bulles irisées qui peuvent séduire un instant par leur mirage, mais qui sont creuses et pleines de vent. Nous verrons, dans les chapitres suivants, quelles applications le sens pratique, substitué aux grands mots et aux promesses vaines, peut trouver dans la politique, au dedans comme au dehors. Mais remontons d'abord à l'origine d'une sentimentalité chimérique qui ne nous plaît, je le répète, ou ne nous paraît acceptable dans ses conséquences politiques que parce qu'elle préexiste profondément en notre être intime et parce que tous les Français en sont inconsciemment les complices. Si nous voulons donner à notre politique économique une tendance plus pratique, il faut diriger notre premier effort sur des détails presque insignifiants de notre vie journalière, où la résistance sera moins forte. Comme nous l'avons fait remarquer précédemment, le progrès durable ne s'obtient pas par de brusques bouleversements, mais par des retouches réitérées. Les caractères, une fois modifiés peu à peu à leur insu, réagiront ensuite d'eux-mêmes suivant le sens voulu, dans les cas les plus graves ; et l'on aura ainsi conquis par un détour la forteresse qu'on ne pouvait songer à attaquer de front.

Commençons donc par dépister, par débusquer l'idéologie dans tous les coins de notre vie courante et par en analyser les causes. Ce serait exagérer infiniment, ce serait nous faire la part trop belle et tomber nous-même dans le défaut visé, que de considérer l'idéologie comme le mobile habituel et exclusif de nos actions ; La Rochefoucauld protesterait. Mais voici, à mon avis, comment on peut démonter notre machine intérieure.

Tout homme possède — ne disons pas deux âmes, pour ne pas nous aliéner les psychologues ; mettons seulement deux mentalités —: l'une pour la solitude, l'autre pour la représentation ; cette dernière participant à l'âme collective qui se développe dans les foules. La première est masculine, raisonne et tient compte des faits : c'est celle dont La Rochefoucauld a connu les vilains côtés, mais elle en a de bons aussi; la seconde, féminine, impulsive, se laisse suggestionner par l'impression du moment, par le sentiment, se paye volontiers de mots, d'hypothèses ou de prophéties. Toutes deux ont leurs qualités et leurs défauts. En moyenne, la première est d'un réalisme plus égoïste; la seconde veut paraître d'un idéalisme plus altruiste, et le sens pratique s'y atrophie. Chez le Français, être sociable qui recherche le contact de ses semblables, la mentalité collective joue un grand rôle et réagit jusque sur la mentalité solitaire. La plupart des Français semblent moins désireux de faire bien que de ressembler à leurs voisins, amis et connaissances, pour recevoir leur approbation. Par là, le Français se montre très influençable dans le sens des courants superficiels qu'a lancés quelque source inconnue et qui, à partir d'elle, suivent la pente. Les orateurs populaires à succès ne font pas autre chose que de prendre le fil de l'eau pour ajouter à son entraînement de vigoureux coups de rame. Faire remonter la pente au fleuve est impossible; se soustraire au torrent en gagnant la rive, difficile et inefficace. Mais tous les cours d'eau commencent par une zone indécise, où il peut suffire d'un caillou bien placé pour faire passer leurs ondes d'une mer dans l'autre. Là, on a le moyen d'agir sur la masse et de la diriger, sans qu'elle s'en doute, de l'Océan sur la Méditerranée. Après quoi, il n'y aura plus ni réactions ni divergences des ruisseaux individuels.

. Ceci peut encore se traduire autrement. Le Français qui, de plus en plus, tend à émigrer vers les villes parce qu'il est sociable, habitue ainsi ses poumons à respirer une atmosphère poudreuse où flottent confusément des débris d'idées déclamatoires et de phrases toutes faites qui ont généralement pris, pour arriver à lui, la déformation, le relief, l'éclairage factice propres au roman et au théâtre. Le Français adore tout ce qui se passe entre les portants et les quinquets de la rampe; il complète, par l'enseignement de la scène, une éducation qui, à l'école comme au lycée, à déjà pris volontiers une tournure théâtrale; c'est là qu'il apprend à connaître la société et l'histoire. Et, toutes les fois qu'il veut paraître distingué, — s'il n'est pas déjà un homme de cercle ou de salon, perpétuellement occupé à cabotiner dans un petit cadre artificiel — c'est une attitude empruntée au théâtre qu'il adoptera. Suivant les moments, son inspirateur pourra s'appeler Corneille, Octave

Feuillet ou Georges Ohnet. Ainsi, dès qu'il sera en public et plastronnera pour la galerie, il cherchera des ripostes à la Rodrigue, copiera le Jeune homme pauvre, ou se posera en Maître de Forges.

Tout n'est pas à beaucoup près fâcheux dans ce travers. Une troupe, une armée française deviennent par là susceptibles d'héroïsmes qui auraient paru invraisemblables, impossibles, chez les individus dont elles sont formées, pris isolément... Mais l'inconvénient apparaît quand un disciple de Jean-Jacques Rousseau construit un programme de société exclusivement habitable pour des « âmes vertueuses et sensibles », et ceux qui imposent ou supposent à tous leurs voisins des sentiments cornéliens gagneraient à apporter, dans leurs relations avec des êtres de chair et d'os, un peu plus de scepticisme. En affaires, on évite bien des dissentiments, des procès, des déceptions, en exigeant d'abord des précisions et prévoyant toutes les roueries.

Quelques conséquences de cette mentalité théâtrale et représentative du Français qui se sait regardé ou écouté sont bien connues.

C'est cette tendance à s'afficher, à développer des idées ingénieuses ou des paradoxes subtils qui se manifestent dans toute assemblée, société, commission, académie, jusqu'à la table verte autour de laquelle s'assemblent les diplomates ; cette tentation irrésistible d'un bon mot, souvent fatale à nos représentants dans les circonstances les plus graves. C'est ce détestable besoin de railler, de ridiculiser, de tourner en moquerie pour afficher sa supériorité et montrer la finesse de son goût qui nous ont aliéné tant de neutres. C'est l'attitude bruyante, bavarde, encombrante de nos compatriotes à l'étranger. Enfin, c'est cette contagion qui, d'un milieu social à un autre, propage surtout les manies, les préjugés, les conventions, les modes baroques, qui fait adopter par les Messieurs Jourdain les sottises des gens de qualité et qui, avec un décalage, un retard de quelques années, transmet, jusqu'aux couches populaires les plus profondes, en y provoquant ripostes et révoltes, toutes les sottises du snobisme.

Je vais montrer bientôt les défauts de cette mentalité collective, où l'on fait fi du sens pratique, dans le commerce et dans la politique. Voyons d'abord, puisque c'est le point sur lequel le changement serait le plus simple si nous réussissions à en prouver les avantages, comment l'excès de l'idéologie abstraite, qui caractérise les collectivités françaises, peut arriver à fausser les plus nécessaires vertus : le désintéressement, le courage et la pitié. Ces vertus font la gloire et la grandeur d'un pays ; il serait criminel de les amoindrir et, comme je l'ai remarqué dès le début, le tempérament français ne le supporterait heureusement pas ; mais le pays même peut gagner à ce qu'on ne les applique pas hors de propos; à ce qu'une affectation de désintéressement copiée sur les dénouements de Jules Sandeau ne dupe pas des âmes trop naïves ; à ce que, sous prétexte de courage personnel, un étourdi ne sacrifie pas follement ceux dont il a la garde ; à ce que la pitié ne propage pas l'assassinat...

Le sujet est, si l'on veut, d'importance accessoire; je ne le crois pas cependant négligeable et il nous servira d'exemple pour mieux définir une retouche dont l'idée même va rencontrer des contradictions. Nous voulons que la France développe son industrie et son commerce, devienne largement exportatrice, reprenne dans le monde la place qui lui appartient et qu'elle commençait à perdre. Notre but général est de grandir notre pays ; mais quel sera nécessairement le but particulier de ceux qui appliqueront leur intelligence, leur travail et leurs capitaux à cette industrie ? Désignons les choses par leur nom : ce sera de gagner de l'argent. Rappelons-nous donc la convention mondaine au sujet de l'argent, de l'argent fraîchement gagné, pas assez vieux pour avoir pris une morgue aristocratique, pas assez gros pour éblouir, de ce qu'on appelle avec mépris « les sous » et voyons comment une affectation d'idéologie se trouve ici contraire à l'intérêt français.

Les socialistes attaquent violemment le capital; mais ce n'est pas d'eux que je veux parler ; car, sous le couvert des mots retentissants, ils mènent, comme tous les bolchevikis, l'assaut contre les coffres-forts afin de s'en emparer, et peu importe à la nation que n.  milliards aillent à Rothschild ou à un émule de Lénine et de Trotsky, pourvu qu'ils restent dans nos frontières. Le peuple peut nuire à la fortune publique par des maladresses ; mais, surtout en France, où le mysticisme genre Tolstoï n'a que peu d'adhérents chez les ouvriers et n'en a pas chez les paysans, l'application du socialisme se bornera longtemps, sinon toujours, à un changement de caisse. Le peuple apprécie l'argent à sa valeur et n'y met aucune hypocrisie, se rappelant trop ce que cette monnaie capitaliste représente pour lui de travail. Il n'a pas encore acquis, dans ce cas, l'âme figurative et théâtrale que nous allons voir à l'œuvre chez d'autres, et son âme individuelle, très réaliste, considère volontiers l'application, sinon la théorie du désintéressement comme une invraisemblance, à laquelle il convient de chercher des motifs secrets dans quelque calcul politique. Non, je fais seulement allusion au préjugé de salons, qui, épargnant la richesse acquise depuis longtemps, de beaucoup la moins intéressante, tend à déprécier, à ridiculiser la richesse nouvelle, obtenue en rémunération d'un travail récent ; préjugé qui s'applique donc, par une connexion très intime, au travail lui-même.

Cela remonte loin chez nous et, en grande partie, comme beaucoup de nos faiblesses sociales, à ce règne de Louis XIV, dont le décor resplendissant a dissimulé l'introduction de germes si fâcheux dans notre France : l'étatisme, le fonctionnarisme, la centralisation outrée, la ruine de la vie provinciale et l'intolérance. L'annihilement de l'aristocratie, qui s'est produit alors par sa transformation en une valetaille royale, a contribué, parce que le Grand Roi le voulait, à généraliser cette idée que toute fortune, comme toute dignité et toute gloire, devait, pour prendre du prestige, provenir exclusivement du souverain ; en sorte qu'il était ignoble (au sens étymologique du mot) de s'appliquer à une tâche utile, de travailler, de manier un autre outil que la plume du diplomate ou l'épée à poignée dorée du gentilhomme. Comme la noblesse n'avait plus à remplir qu'accidentellement son devoir initial et sa raison d'être, défendre le pays, elle fut alors réduite à traîner sa mendicité dans les antichambres de Versailles. Le préjugé s'est transmis comme un virus de la noblesse à la bourgeoisie enrichie, à l' « aristocratie des Conventionnels », à toute cette « noblesse des gros sous », qui, tout en prétendant frayer aujourd'hui avec ce qu'il peut rester de ducs et pairs, compte pourtant par deux ou trois au plus ses générations de « savonnette à vilain ». Depuis plus d'un siècle, cette oisiveté lamentable annihile dans leur opposition stérile ceux qui devraient représenter les étapes franchies, l'affinement, la tradition, l'effort scientifique, artistique, industriel ou politique vers des buts généraux et lointains : un élément de progrès fondamental parce qu'il tiendrait compte des lois de la stabilité...Le pire est que, je viens de le rappeler, rien ne se gagne comme un travers ; et le goût si facile de paresser étant devenu une élégance, n'a pu manquer de contaminer jusqu'à la très petite bourgeoisie des sous-préfectures, justifiant ainsi les déclamations les plus violentes des socialistes.

On trouvera peut-être que j'exagère ce qui
est le propre de milieux très restreints, bien
que convaincus de représenter à eux seuls
« le Monde » entier. On oublie cette propaga-
tion par ondes qui, de proche en proche, transmet en tous sens une impulsion venue du
centre.

Dans « le Monde », on a donc le droit, on a
même le devoir d'être riches ; on peut sans déchoir redorer son blason par un beau mariage
exotique ; mais on doit dissimuler son économie, son labeur, ses bénéfices. Petite comédie
dont personne n'est dupe, il faut avoir l'air de
mépriser profondément l'argent, n'en recevoir
de la main à la main qu'à la table de jeu, se
montrer large pour les dépenses qui se voient,
ne pas « compter ses pièces ». Et, sans doute,
nous applaudissons tous des deux mains à cette
revanche du mérite ancien ou récent sur les
sacs d'écus ; il nous plaît que le « nouveau riche » soit un peu fustigé par l'opinion courante
et qu'au moins en apparence, on se fasse prier
avant de lui donner accès partout. Nous ne voudrions pas entrer dans la pensée du Monsieur
pour lequel tout se chiffre en numéraire, qui
écoute une conversation scientifique ou coloniale en cherchant l' « affaire à faire », qui sou-

pèse la valeur marchande de son interlocuteur
et regarde les candélabres de Saint-Marc en se
demandant quel cours ils atteindraient à l'hôtel
des Ventes. Cette tournure d'esprit est basse et
sans dignité... Mais, en France, on va beaucoup
plus loin. Supposez un grand savant découvrant
un procédé de teinture, un nouveau four métal-
lurgique, un type de machine perfectionnée et
prenant un brevet qui lui rapportera quelques
millions, puis imaginez qu'il veuille se présenter
à l'Académie des Sciences. Avant la guerre, on
lui aurait, suivant toute vraisemblance, fermé
la porte ; sous la pression de la guerre, on la lui
entrouvrira maintenant, mais pour l'introduire
aussitôt dans un compartiment spécial avec
l'étiquette « membre industriel », où l'on réser-
vera le plus de places possibles pour les savants
à l'ancienne mode ou les industriels représen-
tatifs n'ayant jamais fait œuvre de science. Supposez maintenant qu'un poète soit, à la fin d'une
noble existence vouée au culte unique de la
beauté, récompensé par un prix Nobel destiné
à lui permettre de vieillir avec un peu plus de
de confort, une clameur indignée s'élèvera dans
la presse — nous en avons vu un illustre exemple
— s'il n'emploie que la moitié de son prix à
fonder un nouveau prix littéraire ou une œuvre

charitable et s'il prétend s'en réserver pour lui-même une partie.

Ce sentiment-là, qui n'existe ni chez un Allemand ni chez un Anglais, nous nous en glorifions comme d'une supériorité et, si nous vivions dans l'abstraction, nous aurions raison ; mais, dans la pratique, en voici quelques effets. Le premier est de contribuer à la plaie du fonctionnarisme. Pour une raison mal définie, toucher l'argent de l'État (successeur de Louis XIV) est moins déchoir que toucher l'argent d'un particulier. Soldat vient de solder et la solde, peut-être parce qu'elle est modeste ou de source impersonnelle, ne ternit pas les galons. Ce n'est assurément pas la seule raison, ni même la principale, pour laquelle tout Français bien né, qui ne peut vivre à rien faire et qui n'a pas sa place inscrite par héritage dans les conseils d'administration, désire du moins être fonctionnaire ; c'en est certainement une. Et, si l'on est convaincu que le fonctionnarisme est une des maladies microbiennes les plus graves de la France, on pensera que ce n'est pas un petit inconvénient de développer un de ses bouillons de culture.

Et puis, c'est aussi cette coupure établie entre la science désintéressée et la juste rémunération du travail, qui contribue pour beaucoup au mal dont souffre notre industrie et sur lequel nous aurons à insister dans un autre chapitre : l'absence de direction scientifique. Il y a des exceptions assurément; il y en a pour toute affirmation quelconque; on ne saurait pourtant nier qu'en France, la science et l'industrie se regardent de loin comme des étrangères, sans trop se soucier de frayer ensemble, de même que l'administration et l'industrie échangent entre elles des regards irrités. Si nous voulons garder ou reprendre notre place dans le monde, c'est là une des réformes qui seront les plus urgentes. Tout le monde voit le mal et beaucoup proposent des remèdes. Mais aucun palliatif ne servira à rien, tant qu'on n'aura pas envisagé la situation en face et modifié les mœurs. Pourquoi la science regarde-t-elle de haut et de loin l'industrie ? Pourquoi les bureaux s'attachent-ils à brimer les industriels, qui évitent leur contact le plus possible ? Ne serait-ce pas un peu par la jalousie inconsciente de cette pluie dorée qui favorise là-bas des hommes moins versés dans les connaissances théoriques qu'un directeur de ministère ou un professeur de mathématiques ?... Pourquoi l'industrie française repousse-t-elle avec beaucoup de considération mais avec fermeté le concours dédaigneusement offert par l'État ou par les Savants? Parce que, lorsqu'il lui arrive d'y recourir, on lui propose l'aide d'une commission ou de quelque professeur qui, n'étant jamais sorti de son laboratoire, n'a pas eu l'occasion de comprendre effectivement que le premier but de l'industrie est, par définition même, comme je le rappelais en commençant, de gagner de l'argent : souci auquel lui-même a toujours tenu à paraître rester étranger.

En science même, il en résulte cette anomalie qu'on entassera des mémoires sur des corps inutilisables, tandis qu'on laissera sans les étudier scientifiquement, les métaux courants, les mélanges complexes sur lesquels travaille journellement l'industrie.

Ce n'est pas ainsi qu'on procède en Angleterre, où personne ne s'est étonné de voir William Ramsay se mettre à la tête d'une affaire financière, lord Kelvin laisser son nom sur un magasin de compas. Et ce n'était même pas ainsi en France, il y a un siècle, quand d'illustres savants s'enrichissaient très justement par leurs découvertes, quand les séances de l'Académie sous Napoléon étaient consacrées à apprécier un nouveau type de bateau ou de machine à tisser. Pourquoi le savant ne vivrait-il pas de sa science, autrement que par des émoluments de professeur?... Il en résulte que ceux qui seraient capables d'appliquer leur intelligence à faire progresser scientifiquement l'industrie se coupent, dès le début de leurs études, en deux groupes : les uns ne pénètrent qu'à titre de visiteurs dans l'usine ; les autres oublient qu'il existe des laboratoires, si ce n'est pour leur demander une analyse. Le préjugé ici n'est guère qu'à fleur de peau ; car il est bien des exemples, voisins de la science, où chacun admet qu'on gagne de l'argent et qu'on le reçoive d'un particulier, à la condition que la somme soit grosse : avocat, chirurgien, romancier, dramaturge ou peintre. Le point d'honneur professionnel ne doit-il donc rester rigoureux à cet égard que pour un chimiste ou pour un physicien?...

On peut rattacher à un ordre d'idées analogue cette étrangeté phénoménale que jamais, même en temps de guerre (ou du moins avant trois ans de guerre continue) l'État, pour organiser une fabrication industrielle ou un transport, ne prendra un technicien, un homme vieilli dans la partie et enrichi d'expérience, comme le font sans hésiter les Anglais. On aurait trop peur qu'il eût un intérêt d'argent en jeu, Cette méfiance universelle est, à vrai dire, une plaie de nos démocraties. La monarchie savait choisir des ministres qui, même en volant comme un Mazarin, appliquaient du moins à la fortune de l'État la même adresse qu'à la leur propre. Nous aurions grand avantage à employer des ministres qui, en grapillant quelques millions, nous feraient économiser des milliards, qui ne proposeraient pas, par exemple, de réquisitionner le cinquième de la fortune française pour payer les dettes de l'État sans réfléchir un instant que, pour réaliser les éléments d'une fortune, il faut des acheteurs ! Et tous les hommes compétents ne sont pourtant pas des fripons !... Non, si l'on ne choisit un gros fonctionnaire au cerveau bourré de cent autres affaires ou un industriel vieilli et retiré, ce sera un avocat, un philosophe, un algébriste, un médecin, autant que possible un utopiste, ou du moins un beau parleur sachant jouer de l'utopie... « Il ne connaît rien de la question, mais il est intelligent et il se débrouillera. » C'est ainsi qu'en pleines hostilités, il est arrivé de demander à un agrégé de grec un rapport officiel sur la production d'acide sulfurique pour les munitions, et ce n'était pas le plus mauvais...

Je n'attaque pas ici, c'est entendu, le corps des fonctionnaires, auquel je crois bien appartenir. Nous faisons tous de notre mieux. Mais aucun de nous n'a l'omni-science qu'on trouve commode de lui attribuer en haut lieu et ne saurait, pour un problème pratique déterminé, valoir l'homme qui a travaillé la question toute sa vie, qui en a examiné pendant des années toutes les faces, en sachant que sa fortune, que l'avenir de ses enfants dépendaient d'une erreur ou d'une faute. Le fonctionnaire ou le professeur de grec n'ont aucun intérêt à trancher dans un sens ou dans l'autre : c'est leur mérite, mais c'est aussi leur faiblesse. Car il faut être imbu des paradoxes de Jean-Jacques comme le sont trop de nos hommes politiques, pour s'imaginer qu'on n'affaiblit pas la force active de l'homme en lui enlevant le mobile de l'intérêt. Ne faire appel exclusivement qu'aux beaux sentiments désintéressés, c'est splendide, c'est admirable ; mais ce ne sera pratique que lorsque tous les hommes seront devenus des purs esprits et lorsque tous les Boches auront disparu de l'univers, dans quelques millions d'années. Les Anglais ont, à ce propos, une formule très juste qui devrait passer tout droit dans notre langue : « No sentiment! »

Quand donc cesserons-nous de raisonner comme si nous habitions le royaume des Anges ?...

L'abus que nous pouvons faire parfois du courage se rattache au même ordre d'idées, mais dans un sens différent et avec intervention de l'amour-propre vaniteux développé par la vie en commun. Ici nous touchons à la notion très délicate du point d'honneur : ressort d'énergie puissant, mais dont il ne faut pourtant pas se dissimuler les côtés conventionnels. Ceux-ci éclatent dès qu'on passe une frontière, ou même plus simplement quand on change de milieu. Le point d'honneur n'est pas le même en Espagne, au Japon, en Angleterre ou en France. Nous respectons avec un léger sourire ce qui nous paraît exagéré chez un Castillan ou chez un Samouraï ; nous sommes un peu choqués de voir un Anglais insulté refuser de se battre en duel. Comme toujours nous avons la prétention de représenter, nous seuls, la note juste. Un Français ne croit pas indispensable de s'ouvrir le ventre parce qu'on l'a offensé ; mais il estime nécessaire d'échanger deux balles sans résultat avec son offenseur.

La base sérieuse et constante de tels sentiments, quelles qu'en puissent être d'ailleurs les manifestations changeantes, c'est qu'un homme

ne doit jamais reculer ni trembler devant la
mort; c'est qu'il doit être toujours prêt à sacrifier ce bien auquel·un instinct irraisonné lui fait
attacher le prix suprême. Là-dessus, tous seront
d'accord ; et la religion, comme la philosophie,
soutiendront, justifieront l'opinion commune qui
sait rendre la vie intolérable à un homme désho-
noré pour sa lâcheté. A cet égard, la guerre, en
vulgarisant, comme je l'ai dit, l'idée de la mort,
aura fortifié des énergies nécessaires, sans lesquelles ni une société ni une nation ne peuvent
vivre. Ce n'est pas un idéalisme vain, c'est le
réalisme le plus pratique qui commande à tous
les concitoyens de savoir accomplir, quand
l'heure est venue, des actes de généreux dévouement, sans lesquels aucun groupement humain
ne pourrait subsister.

Tenons donc ce point comme acquis et n'éta-
blissons pas une balance un peu ridicule entre
le courage militaire et le courage civique ; tous
deux devant se superposer et non se remplacer.
La bravoure doit, en effet, conduire à immoler,
non seulement sa vie, — ce qui est vite fait, et
parfois relativement facile —, mais tous les
autres avantages de situation, d'orgueil, de
respect humain, d'intérêt...

Là où me paraît commencer dans ce cas le

rôle de l'idéologie, si noble qu'elle puisse être,
c'est lorsqu'on met son point d'honneur à bra-
ver, en y exposant ses compagnons et ses subordonnés, un danger que l'on pourrait éviter en
atteignant beaucoup mieux le même but. Ce
défaut trouve son application fréquente dans la
guerre, où il peut devenir particulièrement nuisible au pays. La guerre ne consiste pas à se
faire tuer bravement, mais à tuer habilement ;
c'est monstrueux, mais cela ne peut être autrement sans que la guerre ressemble à ces arènes
du cirque où l'on exposait les martyrs aux lions...
Un Français a quelque peine à l'admettre ; et il
serait bon, en prévision de l'inévitable guerre
future, que, sans rien sacrifier du courage, on fît
moins exclusivement consister l'éducation militaire dans l'endurance devant le danger... Ne
restons pas toujours pareils à ces chevaliers qui,
à Courtrai, à Crécy, à Poitiers, se firent écraser
en se jetant tumultueusement et à l'aveugle contre
un ennemi fortifié !... Ne croyons pas que, pour
commander un régiment ou une division, il suf-
fise de savoir exposer sa poitrine au feu !... Sully-
Prudhomme a écrit, après l'autre guerre dont
la leçon ne nous avait malheureusement pas
suffi :

...Mais quelles nuits d'étude, ô braves, sont les vôtres ?
Ou seriez-vous trop fiers pour apprendre des autres
A tuer aussi bien que vous savez mourir ?

Je n'insiste pas ; il n'y a là qu'une bien légère
retouche, qu'il importe avant tout de ne pas
outrer. Et je passe à une autre vertu dont les
applications ont été souvent, chez nous, bien
romantiques (le mot revient souvent, c'est qu'il
me paraît le qualificatif le plus juste de notre
idéologie) ; je veux parler de la pitié. Nous avons
tous lu le *Dernier jour d'un Condamné* et nous
avons tous, dans notre jeunesse, subi la sugges-
tion du génie criant à la Société : « Tu ne tue-
ras point ! » En ce qui concerne la nécessité de
l'échafaud, l'étape sentimentale est, ce semble,
franchie et, sauf dans les milieux terroristes où
on amnistie les assassins pour réserver la guil-
lotine à ses adversaires, on ne discute plus
guère, je pense, sur l'utilité du bourreau. Mais
l'excès de la pitié continue à inspirer beaucoup de
braves philanthropes qui semblent uniquement
occupés d'éviter « toute peine, même légère », à
Messieurs les criminels, en faisant souffrir à leur
place les honnêtes gens.

Ces trois exemples auront suffi pour montrer
ce que j'entendais par l'excès de la vertu. Mais,
dans tous les cas où le Français manque de sens

pratique, la vertu excessive n'est pas en cause ; et l'on voit aussi intervenir d'autres travers connus de notre esprit, dont nous nous sommes beaucoup corrigés depuis un siècle, peut-être justement parce que l'étranger nous les avait fait crûment sentir, mais qu'on ne saurait néanmoins passer sous silence en prétextant qu'ils sont trop connus : je veux parler de la vanité conduisant à l'égalitarisme et de la légèreté.

La vanité est un défaut méridional, un défaut développé par la vie en commun. Le septentrional, qui vit plus solitaire, a plus d'orgueil profond, intime ; et cet orgueil s'accuse dans les circonstances graves ; mais il n'a pas cette vanité puérile qui déborde dans les détails les plus insignifiants. L'orgueil peut conduire à se corriger énergiquement d'un défaut ; la vanité ne permet pas de s'en apercevoir. Le Français d'autrefois, je parle avant la rude correction infligée par la guerre de 1870, était volontiers satisfait de lui, sûr de tenir la vérité et disposé à le témoigner d'une façon un peu encombrante. Nous sommes tombés, sous bien des rapports, dans l'excès inverse, qui est de nous dénigrer perpétuellement nous-mêmes et d'admirer à tort et à travers ce qui vient de chez nos voisins, le sport anglais ou l'école allemande ; mais il subsiste pourtant, au fond du caractère français, une nuance de vanité dont nous avons déjà eu l'occasion de reconnaître l'influence. Elle se traduit, par exemple, dans la confiance immodérée, fétichiste, qu'inspirent au Français moyen et officiel ses institutions politiques et dans le besoin qu'il éprouve de communiquer à tous les peuples cette « bonne nouvelle », ou encore dans l'enfantillage avec lequel il se croit aimé des étrangers, vers lesquels il accourt lui-même les bras ouverts. C'est ainsi que nous apportons, dans toutes nos alliances, une sentimentalité incorrigible, ne pouvant nous résigner à les considérer simplement comme des associations d'affaires, ainsi que le comprennent généralement nos collaborateurs, et voulant à toute force y voir des amitiés, des amours... De mêr e, en commerce, nous sommes portés à nous fier sur une supériorité ancienne et sur des qualités natives de goût qui, pour être réelles, n'empêchent cependant pas les étrangers auxquels nous voulons vendre, de préférer un goût différent, moins raffiné mais le leur.

Je rattacherai à un fond de vanité, fortifié, encouragé par la théorie idéologique beaucoup plus qu'à la cupidité, cette marotte de l'égalité qui joue des torts si fâcheux aux Français en politique et à laquelle ils sacrifient pourtant tous les autres avantages. Le Français isolément admettra encore une supériorité ; mais, dès qu'il s'assemble avec d'autres Français pour pérorer, il éprouve le besoin de faire le fendant, en déclarant « qu'un homme en vaut un autre ».

Notre besoin immodéré d'égalité et la conception que nous nous formons de cette égalité, en exigeant, non un équilibre mais une identité, constituent un véritable fléau en tout temps, mais tout particulièrement dans les périodes de crise comme la guerre et comme son prolongement dans l'après-guerre. Chateaubriand écrivait déjà : « Les Français n'aiment point la liberté ; l'égalité seule est leur idole. » Un nivellement humain ne peut jamais s'opérer que par en bas. Il s'oppose donc à l'émersion des hommes supérieurs nécessaires pour diriger un peuple, aussi bien qu'à toute discipline. Nous n'en sommes pas tout à fait au degré des Russes arrachant les galons de leurs officiers et élisant un sous-officier comme généralissime ; mais cette énorme caricature de nos travers, en nous les montrant dans un verre grossissant, nous fait apercevoir un danger qui, même chez nous, pourrait brusquement devenir plus sérieux qu'on ne pense. C'est sur le principe d'égalité, d'identité, que s'appuie la chimère socialiste. C'est l'application de ce socialisme égalitaire, plus agissant encore en guerre qu'en paix, qui a entraîné la mobilisation dans le service armé de tous les corps de métier les plus indispensables à l'arrière pour l'armée elle-même ; c'est elle qui a forcé d'employer des agrégés de physiologie à balayer des hôpitaux, des chimistes ou des physiciens de premier ordre à courber uniquement le dos sous la chute des obus dans une tranchée ; c'est elle enfin qui a fait prodiguer, de tous côtés, au hasard des mécontentements, des malveillances ou des rancunes, par les soldats à leurs officiers, par les fantassins aux artilleurs, par le service actif à l'État-Major, par l'avant à l'arrière pris en masse, médecins, ingénieurs, cheminots, automobilistes, etc., ce vilain mot d'embusqués ! Et c'est elle aussi, qui a amené des hommes utiles, indispensables dans leur profession pacifique, les meilleurs souvent, les plus généreux, à en rougir, à revendiquer un poste dans une section de mitrailleuses ou une escadrille d'avions... Arriverons-nous un jour à comprendre que la vraie manière d'utiliser les hommes est de mettre chacun à sa place et que toute mobilisation, y compris celle de l'après-guerre, doit être préparée, longtemps à l'avance, par une organisation méthodique des aptitudes, au lieu d'aboutir à leur annihilement par un emploi désordonné? En paix comme en guerre, un professeur de géographie est aussi utile au pays qu'un mécanicien et un artiste qu'un manœuvre, mais à la condition qu'on ne demande pas à chacun de faire le métier de l'autre.

Dans un domaine pratique, cette conception de l'égalité nécessaire est poussée si loin qu'elle atteint même des milieux où l'on a, d'ordinaire, l'habitude de raisonner plus positivement. On verra par exemple des groupements industriels invoquer l'appui de l'État, afin que, « par des mesures appropriées », le charbon soit désormais fourni au même prix à toutes les industries. Cela équivaut à maintenir le régime de guerre avec son arbitraire et sa mainmise sur toute l'industrie charbonnière ; c'est grever d'une charge injustifiée les industries qui ont eu ce mérite élémentaire de se constituer dans une région bien placée pour la force motrice. Qu'importe? Périsse l'univers plutôt qu'un principe!...

Quant à la légèreté, qui s'est singulièrement atténuée depuis un siècle à l'exception des affaires publiques, elle intervient, d'une façon générale, pour accentuer l'idéologie et la vanité, en nous faisant admettre des solutions trop rapides et trop exclusivement théoriques.

Si l'on résume les quelques observations que
nous venons de grouper, on arrivera à cette conclusion que le sens pratique ne manque nullement en France à l'individu, mais qu'il tend à
s'oblitérer et à disparaître dès que les individus,
se groupant, adoptent leur mentalité de parade.
Isolé, le Français est économe, sérieux, travailleur, désireux à un degré remarquable de faire
en tout « de la bonne besogne ». Groupé, il
devient prodigue, léger, disposé à perdre son
temps en verbiage, prêt à bâcler une tâche commune qui ne l'intéresse plus que par ses côtés
oratoires. Le terme extrême de cette évolution,
c'est l'âme politicienne. Le remède serait le plus
souvent d'amener les Français à tenir moins de
compte de ce qu'on dit autour d'eux et, par conséquent, à moins se payer d'apparences ou de
harangues : de ramener leur mentalité collective
à leur mentalité individuelle.

# CHAPITRE IV

## Réforme de notre industrie par le réalisme
## et la méthode scientifique

Individualisme industriel. — Évolution de l'industrie
moderne vers la centralisation et la spécialisation.
— Nécessité de l'économie dans la fabrication et de
la souplesse dans la vente. — Rapports de la science
et de l'industrie. — Groupements et accaparements.


J'aborde aussitôt le problème industriel. Il est,
sans doute, dominé trop souvent par les problèmes plus vastes de la politique intérieure et
étrangère que nous traiterons ultérieurement.
Mais, à notre avis, moins l'industrie aura de
rapports avec l'État, plus elle aura chance de
prospérer ; il est donc logique de ne pas attendre
que nous ayons entrepris la réforme du monde
entier pour aborder le perfectionnement plus
simple, ou du moins plus localisé, de notre industrie. Cet ordre de travail est d'autant plus
rationnel que, malgré le rôle excessif de la poli-

tique dans nos préoccupations, l'industrie (où l'agriculture doit prendre sa place naturelle), est le fondement nécessaire de la prospérité publique. Nous allons, dans ce chapitre, examiner deux des qualités qui paraissent utiles à développer en industrie : le réalisme et la méthode scientifique.

S'il est un domaine où l'on croirait à première vue n'avoir aucun besoin de plaider pour le réalisme et le sens pratique, c'est celui-là. Tout industriel, tout commerçant vise essentiellement à être pratique et n'a aucun besoin qu'on l'y encourage. Ce qu'il demande, c'est que la collectivité l'aide, ou du moins ne le paralyse pas dans son effort. On va voir cependant que les travers de l'esprit français, et surtout du Français intervenant dans un groupement, ne sont pas sans se manifester ici par des répercussions fâcheuses. En trois mots, l'industriel français est individualiste, égalitaire et disposé à invoquer l'État. Individualiste, il aime, comme producteur, à agir sans contrainte, indépendamment de son voisin et, comme consommateur, il se méfie des groupements qu'il appelle vite des accaparements. Égalitaire, il regarde du côté de son concurrent pour s'assurer que celui-ci ne reçoit pas un avantage ou un privilège quelconque. Et enfin, faute de savoir associer ses intérêts à ceux de ses confrères, il est disposé à considérer l'État comme les fils prodigues envisagent leur père, en ne se rappelant son existence que pour lui demander de payer leurs fredaines, ou encore à le regarder comme un magicien susceptible de guérir, quand il le veut bien, tous les maux. Voici comment l'évolution industrielle et commerciale au cours du dernier siècle a mis ces défauts en évidence.

Longtemps il a existé, dans tous les pays, de petites affaires restreintes appartenant à un individu ou à une famille et transmises de père en fils, où le patron était en contact personnel avec le client. Dans ce temps-là, on ne voyait en œuvre que les qualités françaises d'affabilité, de soin et d'honneur professionnels, encouragées par une concurrence qui s'exerçait entre voisins avec des effets immédiatement visibles. Qu'il s'agît d'une mercerie, d'une auberge ou d'une banque locale, on savait de part et d'autre avec qui on traitait ; producteurs, intermédiaires et consommateurs cherchaient mutuellement à se satisfaire : les premiers en fournissant bien, le second en payant bien. La corporation intervenait pour contrôler la capacité et la bonne gestion, pour accorder la maîtrise et pour assurer

l'apprentissage. Ce temps a disparu et il ne ser-
virait à rien de le regretter, car il ne pouvait pas
ne pas disparaître. Les facilités de communica-
tion croissantes ont conduit partout à la coordination des efforts autrefois dispersés, en vue
d'amener la marchandise vers le client aux conditions les plus économiques, d'abord dans une
même ville, puis dans une province, puis dans
un pays, enfin dans un continent : d'où spécialisation et intensification de la production, centralisation de la vente ; et, dans les deux cas, constitution nécessaire de sociétés de plus en plus
puissantes, absorbant des capitaux de plus en
plus abondants et, par conséquent, de plus en
plus impersonnelles jusqu'à l'anonymat. Nous
sommes ainsi entrés dans une voie qui conduit
tout droit à une forme de socialisme ; car ce n'est
pas par hasard que les mots Société financière
et socialisme ont la même racine. Le socialisme,
le collectivisme se sont trouvés appliqués dans
ce qu'ils ont d'utile et de pratique par la mise
en action de toutes les affaires, et l'on a vu l'univers entier concourir à la production des matières
premières, puis des objets industriels. Chaque matière, chaque produit ont eu tendance, suivant la
logique théorique, à provenir du point où on pouvait les obtenir au meilleur compte pour se dis-

perser dans le monde entier, et la propriété de ces vastes organismes producteurs s'est répartie, par fractions infiniment petites, entre des participants de plus en plus nombreux. Toutefois, les barrières de douanes font et feront longtemps obstacle à l'équilibre absolu de vases communiquants visé par les théories collectivistes, en raison duquel il s'établirait un très petit nombre d'immenses usines mondiales pour chaque produit: toutes les usines du même produit étant elles-mêmes syndiquées entre les mains de la collectivité universelle, de manière à supprimer totalement la compétition, tout en évitant l'accaparement par le communisme de la propriété.

En dépit de la théorie, les douanes existent comme un empêchement à la réalisation intégrale de ce concept idéologique. On peut même dire qu'elles existent de plus en plus et qu'après la guerre, malgré toutes les illusions contraires auxquelles peut donner lieu l'illusion d'une fraternité universelle, elles vont tendre à se développer jusqu'à l'abus. Par un phénomène dont l'apparence seule est paradoxale, plus notre temps se déclare féru en théorie de l'unification des nations, plus on aboutit pratiquement à les multiplier en rompant des faisceaux anciens péniblement constitués par l'histoire ; plus on prêche l'internationalisme, plus on met en hostilité des éléments d'une même nation qui avaient réussi longtemps à maintenir leur accord ; plus on demande la suppression des douanes et des octrois, plus on ferme les pays par des barrières de Chine pour les marchandises comme pour les hommes. Nous aurons l'occasion de le redire avec insistance : le socialisme politique, sous le règne duquel il faut bien nous résigner à vivre quelque temps, parle beaucoup de paix, mais conduit nécessairement à l'isolement des peuples hostiles, puisant des ressources plus coûteuses sur leur propre territoire. Et, comme la tendance moderne à la constitution de vastes sociétés avec une production énorme par séries n'en subsiste pas moins et n'en exige pas moins l'exportation, la conséquence forcée est ce qui vient de se produire pour l'Allemagne, c'est la guerre.

Pratiquement, et dans les conditions qui nous sont faites par les prétentions ouvrières et par les charges fiscales, il faut de plus en plus que l'industrie produise en masse et, par conséquent, exporte, puisque la nation seule ne lui fournirait pas un débouché ; il faut, en même temps, que la vente s'effectue dans d'immenses bazars, où les produits de toutes sortes viennent se réunir, épargnant des déplacements à l'acheteur, tout en diminuant, pour chaque marchandise, la part des frais généraux. Les socialistes voudraient aller encore plus loin et mettre usines ou magasins dans les mains de l'État. Mais, déjà, sans qu'on ait poussé partout à cette extrémité, les défauts de l'Étatisme apparaissent d'une façon criante dans ces vastes entreprises qui sont de petits États ; et ces défauts, que peuvent tempérer, en Allemagne, d'autres avantages, prennent, avec le caractère français, une acuité à signaler.

Chacun sait que l'État fait mal tout ce qu'il fait ; et chacun aussi en sait les causes : irresponsabilité ; défaut d'intérêt personnel ; favoritisme électoral ; nécessité de formules trop générales ; manque de souplesse et d'initiative. Ces défauts qui éclatent dans nos monopoles d'État et qui, lorsque ceux-ci sont assez anciens pour qu'un parti ne soit plus ardent à les soutenir, suscitent des critiques très vives, apparaissent déjà dans toutes nos grandes sociétés industrielles, commerciales ou financières à mesure que celles-ci deviennent plus administratives, avec des employés fonctionnarisés. Et c'est parce qu'il est évident que nous sommes fort mal servis par nos Compagnies de chemins de fer, nos Sociétés de crédit, nos industries métallurgiques ou chimiques à monopole effectif, nos grands magasins, etc., que les Socialistes ont beau jeu pour déclamer contre eux et réclamer leur reprise par l'État : ce qui accroîtrait le mal.

Le but d'un commerçant est absolument contraire à celui des employés dans un Ministère. Le commerce cherche à acquérir et à développer en la satisfaisant une clientèle. Un Ministère se propose, en fait, de nourrir et de chauffer des employés en leur épargnant la fatigue qu'entraînerait le contact avec des gêneurs. Une grande Société, telle qu'il nous en faut pour produire à bas prix, prend vite une allure ministérielle. Le défaut est inévitable dans tous les pays ; mais, en Allemagne, les qualités militaires de l'esprit public y apportent une notable atténuation. L'Allemand est discipliné par instinct, respectueux jusqu'à l'humilité devant celui dont il attend quelque chose ou qui porte un galon de plus, devant le client comme devant le chef, tandis qu'il impose sans réplique sa volonté à tout ce qui dépend de lui. Le Français fait sentir son autorité par boutades et se familiarise l'instant d'après. Il est « bon garçon » quand on sait le prendre, mais nullement hiérarchique, ou n'admettant la hiérarchie qu'à la condition d'être en haut et, dans tous les autres cas, professant l'égalité. Ces tendances sont peu favorables au commerce et surtout au commerce d'exportation, indispensable dans l'avenir pour le développement de notre pays : commerce dans lequel on se trouve constamment aux prises avec la concurrence étrangère. Le commerçant anglais qui, pour des raisons différentes, a des défauts analogues aux nôtres, a senti cuisamment comme nous les effets d'une invasion allemande, qu'il faut s'attendre, après la guerre, à voir tendre de nouveau ses tentacules vers le monde entier.

Quel est donc le remède ? Car critiquer est stérile si on ne montre pas en même temps une voie meilleure à suivre. Chez nous, quand on a constaté une maladie de ce genre, on ne connaît qu'un moyen de la traiter : se réunir le plus nombreux possible autour d'un tapis vert pour parler, échanger des idées, élaborer un plan, rédiger un rapport, prendre des résolutions d'ensemble ; et l'on croit avoir assez fait ainsi pour refouler une compétition envahissante... Ce n'est ni si simple, ni si rapide que cela. La conquête d'un marché commercial ne demande pas seulement des « vues d'ensemble » et des idées générales, mais d'abord une fabrication soignée et économique, puis une extrême souplesse dans la vente. Pour le bon marché et la souplesse, il n'y a pas à nous dissimuler que les Allemands tenaient l'avantage. Notre victoire militaire ne peut plus, après la défection russe, être assez complète pour les désarmer d'aucune manière. Si nous n'y prenons garde, l'arme économique que nous croyons tenir et qui offre, en effet, des possibilités formidables, se brisera entre nos mains.

Défions-nous à ce propos, comme toujours, des raisonnements théoriques, des illusions et des phrases ! Ne comptons, pour isoler nos ennemis, ni sur un blocus d'après-guerre (qu'il importe neanmoins d'organiser), ni sur les sympathies de nos alliés et le patriotisme de nos concitoyens. Comptons sur nous-mêmes ; nous serons ainsi beaucoup plus certains de boycotter les Allemands que par tous les traités, les prohibitions, les rationnements légaux, les tarifs de douanes...

Les raisonnements !... S'il était une prophétie qui semblait logique il y a quelques mois, c'était celle de l'Allemagne encerclée, isolée au milieu d'un monde hostile. Et puis, brusquement, est venue la trahison maximaliste, sur laquelle on n'avait pas compté ; et une énorme brèche s'est faite dans l'encerclement. Des territoires immenses se sont ouverts devant les appétits allemands, comme un champ de colonisation, comme une ressource inépuisable en matières premières, comme une extension effrayante de la Mittel-Europa vers l'Orient... Les sympathies et le patriotisme ! Ne nous y fions pas trop ! Les sentiments, en matière commerciale, ne priment pas longtemps l'intérêt, d'autant plus qu'on trouvera toujours bien quelque Suisse, Hollandais ou Suédois, peut-être même quelque citoyen de pays alliés pour couvrir de son pavillon la marchandise allemande. Nos alliés pourront commencer par donner une préférence sympathique à nos produits ; mais ils ne la leur conserveront que si nos commerçants profitent de cette occasion exceptionnelle pour démontrer la supériorité de leurs produits. La foi exclusive dans le patriotisme commercial, c'est de l'idéologie.

Rien ne nous empêche d'ailleurs de surmonter, à armes égales, la concurrence allemande. Ce n'est ni l'ingéniosité, ni l'adresse, ni le goût, ni les avantages géographiques qui nous manquent ; mais nous devons, avant tout, acquérir les deux qualités énoncées plus haut : produire économiquement et contenter à tous égards l'acheteur. Pour développer ces deux points seuls, il faudrait un volume ; bornons nous aux linéaments de la question.

Et d'abord, la fabrication économique comporte un certain nombre de méthodes à adopter, que représentent ou résument les expressions aujourd'hui vulgarisées de fabrication en séries, de standardisation, de taylorisation. C'est l'application de la méthode scientifique dont je me borne à mentionner ici la place logique pour y revenir tout à l'heure.

On ne produit économiquement que lorsqu'on produit, en grandes quantités, un modèle uniforme : ce qui exige qu'il ait été savamment étudié, qu'il réponde à un besoin très répandu et que l'usine où on le fabrique possède ou partage avec un petit nombre de confrères le privilège de sa vente. Cela implique aussitôt le délit de coalition et d'accaparement prévu par le Code pénal, flétri par l'opinion populaire, qui va demander également un examen spécial. Je suppose que ces démêlés possibles avec la justice aient été, comme tous le souhaitent, réglés par une modification de la loi. Restent l'étude scientifique du modèle, l'adjonction de laboratoires et de bibliothèques techniques à l'usine.

Mais ce n'est pas tout. Pour produire à bon marché, on a besoin de transports à bon marché, de force à bon marché, de main-d'œuvre à bon marché (nous allons voir dans quel sens).

Les transports à bon marché, c'est une question d'organisation générale qui dépend beaucoup de la bonne distribution des crédits et, par conséquent, de la politique intérieure.

La force à bon marché, c'est un problème solidaire du traité de paix qui interviendra et de ce qu'il pourra faire pour nous alimenter en houille. Faute de quoi, nous avons évidemment des ressources hydrauliques que l'on tend à exagérer un peu; mais nous n'en serons pas moins handicapés. De toutes façons, il faut économiser la force en n'en laissant rien perdre à l'usine, sous quelque forme que ce soit; il faut se préoccuper sans cesse de n'abandonner aucun déchet.

La main-d'œuvre à bon marché, cela ne veut aucunement dire l'ouvrier gagnant peu à la fin de sa journée, ou même gagnant peu par rapport à sa fatigue. Cela signifie simplement l'utilisation rationnelle de cette fatigue par la suppression du temps perdu et des mouvements inutiles. On a défini un jour notre organisation du travail : « des ouvriers qui ne veulent pas produire et des patrons qui ne veulent pas payer. » Voilà ce que nous devons nous proposer de réformer en réagissant d'abord contre la tendance actuelle des syndicats ouvriers à faire de leurs adhérents des fonctionnaires. Or un fonctionnaire, c'est un monsieur qui est astreint à des heures de bureau, pendant lesquelles il préfère se curer les ongles ou écrire des vaudevilles. Le progrès se manifeste le jour où l'homme n'est plus traité comme un enfant assujetti à rester en classe. Il s'accentue quand cet homme a compris son intérêt à travailler suivant un rythme déterminé. Accomplir rapidement la tâche nécessaire pour gagner sa vie, puis disposer du reste de la journée pour ses affaires domestiques ou ses plaisirs, c'est l'idéal. Mais, si l'on veut s'en rapprocher, il ne faut pas appliquer aux hommes le principe de la fabrication en série et des pièces interchangeables. Il ne faut pas poser en dogme qu'un homme en vaut un autre et que tous les profits doivent être communs, ou du moins égalisés. Il ne faut pas que l'ouvrier, craignant de voir diminuer son salaire par une production accélérée, se montre hostile à tous les progrès mécaniques, à toutes les organisations, au taylorisme. Ici les qualités à acquérir sont : pour le patron, la largeur de vues dans le relèvement des salaires, assurant à l'ouvrier une participation immédiate au bénéfice, bien plus sensible pour lui que le droit à un vague dividende en fin d'année ; pour l'ouvrier, l'adaptation raisonnée et disciplinée aux conditions mécaniques et économiques de la machinerie moderne, afin d'atteindre le maximum de production par le minimum de peine.

J'ajouterai une dernière remarque d'ordre général, c'est que, si nous voulons réussir, nous devons assurément voir grand, ce que nous n'avons pas toujours su faire dans le passé ; mais qu'il n'est pas nécessaire pour cela de tomber dans la mégalomanie et dans la préoccupation chauvine de vouloir tout produire nous-mêmes, de prétendre concurrencer l'ennemi sur tous les terrains. Le bon sens montre que, quand même on pourrait obtenir du coton ou du caoutchouc en serre dans le Nord de la France, une telle tentative serait néanmoins une folie. Sans aller aussi loin, on se laisse parfois un peu hypnotiser par l'idée que telle ou telle substance, tel ou tel produit industriel nous ont manqué en temps de guerre et on en conclut immédiatement que cette production, cette fabrication doivent être organisées chez nous à tout prix. « A tout prix » est aisé à dire quand on ne tient pas les cordons de la bourse ; mais la main-d'œuvre, la force, les moyens de transport, les capitaux que l'on pourrait consacrer à ces industries nouvelles ne sont pas tellement surabondants qu'ils ne fassent pas, pendant ce temps, défaut ailleurs. Il importe donc de limiter ces paradoxes économiques aux cas où l'intérêt militaire est directement en jeu. Le choix demande réflexion. Et notre erreur pourrait être encore plus évidente si nous prétendions, non plus seulement fournir à nos propres besoins, mais encore organiser artificiellement la concurrence contre nos rivaux pour des produits où des conditions indépendantes du vouloir et de l'activité humaine, telles que la richesse inépuisable en houille, leur assurent une incontestable supériorité.

Mais ce n'est pas tout que de produire; le commerce consiste à placer, à vendre ses produits, et, pour cela, à satisfaire des acheteurs de plus en plus nombreux, en les recrutant par la bonne renommée de la maison, appuyée sur une réclame habile. Cette vente exige infiniment de souplesse continue et persévérante, des qualités de docilité, de complaisance, de patience, d'humilité qu'il est puéril de rejeter comme contraires à sa dignité si l'on veut tenir boutique. On ne développe pas une maison commerciale avec de l'intransigeance, de l'exclusivisme et de l'orgueil. Si tel est l'état d'âme du patron, il fera bien de chercher des représentants qui lui ressemblent le moins possible. Or trop de nos grands commerçants manquent encore de cette souplesse, de cette complaisance nécessaires et traitent le client étranger avec une désinvolture de fonctionnaires : « Voilà ma marchandise, disent-ils ; prenez-la telle qu'elle est, ou videz-moi le plancher ! » Pour le marché intérieur, ces manières d'agir peuvent encore passer, d'autant plus que le client, ainsi chassé d'une maison, les retrouve dans une autre. Alors il est bien forcé de se résigner. Allez dans un de nos grands magasins et vous admirerez la patience des femmes ! Passez dans un établissement de crédit et vous serez étonnés par celle des hommes ! Dans un restaurant à la mode, dans un hôtel élégant, dans un théâtre très parisien, hommes et femmes vous apparaîtront d'autant plus mal traités qu'ils se sont montrés de prime abord disposés à payer plus cher. Que voulez-vous ? Ils tiennent à avoir été vus là ; ils n'ont pas le choix ! Mais, dès qu'il s'agit du commerce avec l'étranger, la méthode restant la même, cette manière de traiter le client de Turc à More n'est plus admissible.

Ainsi la guerre a révélé à plus d'un ce fait extraordinaire que des établissements officiels français étaient abonnés à des revues de tous pays par l'intermédiaire d'un libraire de Leipzig ;

à plus forte raison, les Russes ou les Italiens.
Étonnez-vous en quand libraires et éditeurs
français semblent n'avoir qu'un but : donner le
moins possible de marchandise pour un prix de
plus en plus élevé et détourner l'acheteur de se
procurer un livre autre que le roman du jour,
débité à la grosse au-dessus du prix marqué
comme un produit pharmaceutique ou une denrée coloniale. Exception faite pour ce roman
sensationnel, ils auront bientôt supprimé toute
vente de livres français au dehors, et on les en-
tendra ensuite gémir !...

C'est qu'avec le client étranger, libre de se
fournir à son choix dans n'importe quelle ville
d'Europe ou d'Amérique, on ne peut plus raisonner comme le fait un employé des postes ou
un percepteur : « Il m'apporte son télégramme
ou ses contributions ; donc il a besoin de moi.
Qu'il attende ! » L'étranger préfère ne pas attendre et être servi suivant ses goûts.

Dans tous les nombreux pays où les voyages
m'ont conduit, j'ai entendu, à ce propos, les
mêmes doléances des hommes éclairés qui s'in-
téressaient à la France : « Commis-voyageurs
trop peu nombreux, trop ignorants des langues
étrangères et trop dédaigneux ; types de marchandises trop stricts et ne tenant pas compte

des goûts locaux ; crédit insuffisant aux acheteurs ; manque de capitaux à exposer ou de
hardiesse pour courir des risques nécessaires. »
On cherche actuellement à réagir, à grouper les
efforts. Mais, ne fût-ce que dans l'attitude de
nos hôteliers et de nos commerçants vis-à-vis
des Américains et des Anglais, amenés en France
par la guerre, le progrès n'apparaît pas encore
bien net. Qualité à acquérir !...

Au cours de l'exposé précédent, je n'ai fait
qu'indiquer en passant, pour ne pas m'interrompre, deux questions qui méritent un examen
spécial : les rapports de l'industrie avec la
science ; les difficultés que rencontre le besoin
de groupement par la haine des accapareurs.

L'introduction plus intime de la science dans
l'industrie est une des questions que le tourbil-
lon de la guerre a remuées et dont tous les intéressés s'occupent. On s'est aperçu un beau jour
que le chimiste, le physicien et le mécanicien
industriels allemands avaient puissamment contribué à la force teutonne en 1914, comme on
avait attribué à l'instituteur et au géographe
allemands les victoires de 1870. Le fait est
incontestable. Sans nous réduire à une industrie
aussi généralement empirique que celle des
Anglais, nous avions néanmoins une tendance

à mettre les savants d'une part et, de l'autre, les industriels avec les financiers, dans deux compartiments distincts communiquant rarement et cérémonieusement l'un avec l'autre. J'ai déjà eu l'occasion d'en donner une explication en montrant quelle était, à cet égard, la responsabilité attribuable à la mentalité ordinaire des milieux scientifiques ou mondains. Ajoutons que, dans l'industrie elle-même, techniciens et financiers n'étaient pas toujours d'accord et que les seconds avaient souvent une tendance à regarder les premiers du haut des millions qu'ils mettaient à leur disposition, en les considérant comme de simples employés, dont il était bon de tenir en bride les coûteuses fantaisies scientifiques. Combien de conseils d'administration ne toléraient un peu de science chez un directeur qu'à titre de récréation et lorsqu'il avait commencé par montrer les qualités commerciales attendues de lui avant tout ! C'est ainsi que certaines de nos très grandes sociétés industrielles étaient restées singulièrement en arrière jusqu'aux heures décisives de la guerre, où des bénéfices énormes, qu'on ne tenait pas toujours à mettre en évidence, ont contribué, avec la nécessité de faire vite, à rendre les administrateurs plus indulgents pour les recherches de laboratoires et pour l'adoption de procédés nouveaux. Souhaitons que la mode s'établisse d'organiser des services centraux d'études techniques et de beaux laboratoires pour des recherches qui ne seront pas toujours immédiatement payantes, comme il est déjà de bon ton, chez les mêmes financiers qui se trouvent imposer leurs vues à nos industriels, de posséder une chasse, une galerie de tableaux ou des livres rares. Le premier pas une fois fait, l'expérience se justifiera d'elle-même par les bénéfices qu'elle ne pourra manquer de produire au bout de quelque temps ; et nous finirons ainsi par constituer une industrie vraiment scientifique comme celle dont se vantent les Allemands, au lieu de nous borner à des inventions théoriques, pour les laisser introduire dans la pratique et, par conséquent, exploiter par d'autres. Alors nous aurons des écoles de chimie, de physique, de mécanique suffisamment vastes et bien outillées pour nous fournir le très nombreux état-major dont le besoin se fera vite sentir pour exécuter les grands projets actuels qui, sans cette condition préliminaire, aboutiront à une impasse.

En sens inverse, les savants ont tendu franchement la main à l'industrie, par laquelle ils avaient à se faire pardonner leur trop fréquente attitude de dédain antérieure. Beaucoup sous la pression d'un homme auquel reviendra en grande partie le mérite de la réconciliation, de M. Le Chatelier, les représentants les plus autorisés de la science ont pris deux décisions importantes : la première de constituer et d'encourager des laboratoires centraux de science industrielle ; la seconde d'ouvrir aux savants industriels les portes de l'Institut. Sur ce dernier point, la solution qui a prévalu n'est pas celle que j'aurais préférée ; en parquant les académiciens industriels dans une section distincte, on donne à quelques-uns une décoration de plus sans leur attribuer toute l'influence dont ils étaient dignes ; mais c'est pourtant un premier progrès réalisé, et cela pourra contribuer à faire découvrir et apprécier le technicien scientifique en des milieux où, jusqu'ici, il n'avait guère accès. Il faut que, chez nous comme en Allemagne et en Amérique, ce technicien prenne la place qui lui appartient dans la Société, selon la formule saint-simonienne, d'après sa capacité et ses œuvres et qu'on cesse de le confondre vaguement avec les simples brasseurs d'affaires, dont l'utilité n'est pas contestable non plus, mais qui, du fait de leur fortune, ont déjà largement la situation sociale à laquelle ils ont droit.

J'arrive maintenant à la dernière question que nous nous sommes proposé d'examiner dans ce chapitre : celle des groupements indispensables entre industriels et de l'obstacle qu'y oppose la crainte des accaparements. Voici comment le problème se pose.

Tout d'abord, il n'est pas douteux que, si notre industrie veut vivre et prospérer en concurrence avec les industries de plus en plus formidables des étrangers, on doit réaliser d'abord un groupement de tous les efforts, une centralisation de la production et de la vente, ayant pour résultat d'économiser les frais généraux, de spécialiser les usines pour leur permettre la fabrication en série, d'obtenir ainsi une meilleure répartition et, par suite, un meilleur emploi des énergies. Il sera nécessaire d'agir par grandes masses, de ne pas se borner à la qualité, au fini, mais de développer parallèlement un peu de ce que Ferrero a appelé la « civilisation quantitative ». C'est l'intérêt national qui le commande ; c'est, on peut le dire, une nécessité inéluctable, à moins de vouloir nous enfermer derrière nos frontières, en annihilant par exemple les immenses sources de richesses que représentent nos minerais de fer. Ces minerais, qui dépassent de beaucoup nos besoins nationaux, ne seraient plus que des cailloux bons à empierrer nos routes si nous ne réussissions pas à les exporter, soit à l'état de minerais, soit plutôt à l'état de produits ferreux bruts ou finis. Et, pour vendre de tels produits, sur lesquels le bénéfice est évidemment d'autant plus grand que l'élaboration a été poussée plus loin, il est nécessaire de produire à meilleur marché que nos concurrents étrangers. L'évidence de ce raisonnement est telle qu'en ce moment à peu près tout le monde s'y range ; et l'État lui-même vient trouver les industriels en les invitant à s'unir, à se syndiquer, suivant l'exemple que nous ont depuis longtemps donné avec tant de succès les Allemands.

Mais, à de telles suggestions, les chefs d'industrie sont forcés de répondre en rappelant qu'il existe, dans le code pénal, un certain article 419 qui punit de deux à cinq ans de prison « toute réunion ou coalition entre les principaux détenteurs d'une même marchandise ou denrée, tendant à ne la pas vendre ou à ne la vendre qu'à un certain prix ». Reste archaïque d'un autre temps, cet article draconien permet de frapper tout syndicat de producteurs, tout comptoir de vente ; il n'est nullement abrogé même en pratique, puisqu'on en a tenté des applications relativement récentes et, quand bien même un ministre de bonne volonté promettrait de le laisser dormir, la menace demeurerait toujours suspendue sur la tête des syndiqués, en les livrant à l'arbitraire des tribunaux ou des pouvoirs publics.

A une telle situation, il existe un remède qui est venu à l'esprit de tous : celui de remplacer l'article 419 par une rédaction nouvelle où seraient simplement visées les manœuvres frauduleuses, telles que la publication de fausses nouvelles. Je n'aurais pas abordé ici cette question, ayant promis de ne pas traiter la réforme des lois, mais seulement celle de la mentalité, si toute modification de l'article 419 dans un sens plus libéral ne devait pas se heurter tôt ou tard à des mouvements d'opinion qu'il importe de prévoir. La question qui se trouve ainsi posée est, en effet, celle des accaparements et l'on sait avec quelle facilité, surtout dans les périodes de crises, ce mot a la vertu de soulever les violences irraisonnées de toutes les foules.

La crainte de l'accaparement, trop familière à l'esprit public, et renaissant à tout propos comme l'obsession de l'espionnage, vaut-elle le bruit que l'on fait autour d'elle et les restrictions que l'on impose pour l'éviter aux groupements les plus utiles ? Toute la difficulté réelle est là et ne sera résolue que si les électeurs acquièrent un jour quelques vagues notions d'économie politique. N'oublions pas que cette science décriée se résume à peu près aujourd'hui, pour la moyenne de la nation, en deux formules très brèves : « Mort aux accapareurs ! » et « il faut faire marcher le commerce ! » La première paralyse, comme nous venons de le dire, la production économique dont tous profiteraient ; la seconde soutient ce paradoxe qu'un fou enrichit son pays en employant quelques milliers d'hommes à fabriquer des marchandises pour les jeter immédiatement à la mer. Je ne parle pas seulement des ignorants ; mais beaucoup d'hommes que l'on croirait instruits, et qui conduisent convenablement leurs affaires privées, se laissent vite entraîner à des actes passionnés dès que l'on met en jeu la première de ces deux formules.

Cette haine des accapareurs, cette tendance à leur attribuer toutes les disettes sont vieilles comme le monde; on peut même observer avec satisfaction que l'idée a quelque peu perdu, en temps normal, de sa force impulsive sur les fureurs populaires, depuis que le champ de l'univers ouvert aux efforts des civilisés s'est élargi et a tellement réduit les craintes de famine,

Mais, aussitôt qu'une crise se produit, on entend vite ce cri renaître et soulever les mêmes colères. Dès qu'une marchandise ou une denrée commence à manquer et que le prix monte à l'excès, la colère gronde contre « les accapareurs »; de même que, dans toutes les épidémies d'autrefois, on commençait par supposer des empoisonneurs. Je ne veux point ici défendre les commerçants, contre lesquels j'avoue partager quelquefois le préjugé de la foule ; mais c'est contre le rôle excessif attribué à l'accaparement que je proteste. L'accaparement ne peut guère être réalisé que pour des substances rares et il n'a d'inconvénients graves que pour des substances nécessaires en grandes quantités comme le blé, la viande, le coton, le pétrole, etc... Quand la substance est abondamment répartie dans le monde et n'est pas arrêtée artificiellement aux frontières, l'accapareur se ruine lui-même en essayant vainement de la monopoliser ; il est bientôt débordé par un afflux qu'il a lui-même provoqué en faisant monter les prix... Pour que l'accaparement soit réalisable dans ce cas, il faut, ou bien un barrage accidentel qui amène un cataclysme momentané pareil à une inondation; ou bien un barrage légal par le fonctionnement de la douane ou du monopole, équivalant à la montée de l'eau d'une vallée quand on en a volontairement fermé l'aval. Le premier phénomène est éphémère. Le second tient à une volonté gouvernementale toujours modifiable, ou à un fait exceptionnel, comme une guerre.

Sauf dans un cas de guerre qui comporte des mesures de précaution légale toutes spéciales parce qu'il constitue lui-même une exception, ce que l'on appelle les accaparements se réduit à de faibles inflations de prix très localisées, peu durables, résultant de ce qu'un effort de spéculation aura élevé un petit mur en travers d'un vallon : inflations dont les effets sont très visibles mais peu étendus. Et, le plus généralement, ce n'est même pas la volonté d'un spéculateur qui intervient alors, mais un état d'esprit général qui se manifeste avec une sorte de spontanéité, presque sans mot d'ordre. Il est évident que, sur un marché de petite ville, les fermières peuvent faire monter le prix du lait, du beurre ou des poulets dans des proportions excessives si, par une entente qui n'a pas besoin de s'exprimer verbalement ni par écrit, elles conviennent de tenir la dragée haute aux acheteurs et si ceux-ci sont disposés à passer par-dessus la majoration.

Mais, le plus souvent, ce qui se produit est

différent. Le prix d'une substance quelconque commence à monter parce que la demande est supérieure à l'offre. C'est la fatalité économique, à laquelle on ne remédiera jamais sans augmenter les offres ou réduire les demandes. Aussitôt intervient une répercussion factice qui dépend de la mentalité. Le prix montant, chacun considère qu'il va continuer à monter. D'où 'même effet sur l'acheteur et sur le commerçant. L'acheteur constitue des provisions inusitées qui précipitent la hausse, et nous avons vu toutes les annonces maladroites de restrictions produire instantanément cet effet. Le commerçant, à la fois parce qu'il craint d'être débordé et parce qu'il veut profiter de la situation, enfle de plus en plus ses prix. Lui-même achètera, j'imagine, deux fois plus cher chez le producteur ; mais il trouve une occasion de tripler ses prix et il en profite avec une conscience d'autant plus tranquille qu'il se demande sincèrement dans quelles conditions il pourra renouveler ses stocks. Peut-être même jugera-t-il prudent de réserver une partie de ces stocks, soit qu'il craigne de manquer absolument et d'être contraint à fermer boutique, soit qu'il escompte une hausse nouvelle et veuille en profiter. Voilà un accaparement réel, dans lequel acheteurs et intermé-

diaires sont complices, mais dont la cause initiale
est indépendante des uns et des autres et sur
laquelle ni mesure légale ni émeute populaire ne
pourront faire grand'chose, à moins d'aller fouil-
ler dans toutes les armoires des ménagères et
de forcer les commerçants à vendre à perte :
mesures extrêmes, d'une application périlleuse
et précaire. La colère du peuple qui fait piller un
marché, jeter à l'eau des péniches de sucre ou
des voitures de blé, peut avoir pour effet très
momentané d'amener quelques provisions peu-
reuses à revoir le jour ; elle peut même arrêter
un mal faiblement enraciné ; mais, dans la grande
majorité des cas, elle n'aura pour effet que d'ag-
graver la maladie après une amélioration d'un
instant, parce que personne ne voudra plus, dans
ces conditions, remplir le rôle nécessaire de l'intermédiaire. Alors nouvelle intervention de l'État
pour organiser des coopératives, gaspillage et
favoritisme inévitables : l'histoire de toutes les
Révolutions nous apprend où cela mène...

Le fait réel, c'est que toute augmentation
de prix, de même que tout impôt chargeant
la production et le commerce, profitent en définitive au commerçant. Non seulement le consommateur paye toute la charge nouvelle, mais
il la paye accrue d'un droit régalien que le

commerçant profite de l'occasion pour lui imposer. La seule ressource du consommateur n'est pas la loi, mais la limitation volontaire de ses achats, qui amène vite les commerçants à résipiscence. L'abstention des clients est la leçon des marchands indélicats. La libre concurrence contribue à la rendre efficace.

La géologie nous a appris comment le réseau de nos rivières est arrivé à se constituer un admirable profil d'équilibre, par suite duquel l'eau coule en pente douce et continue de la source à l'embouchure. Il n'en a pas toujours été ainsi. Le système a commencé par offrir l'aspect qu'il garde dans les pays neufs, qui sont les pays montagneux ; il était coupé de cascades, de rapides et de lacs. Mais l'érosion a agi librement pour combler les lacs, faire sauter les barrages et entailler l'amont des rapides. Le plus sûr moyen d'obtenir la répartition facile et régulière des marchandises dans un pays, c'est de laisser ainsi la concurrence s'exercer et de ne pas faire intervenir l'État ou la Loi dans le commerce. Cela exige une compréhension populaire plus intelligente, vers laquelle on ne tendra que si la presse renonce à se faire l'écho amplificateur de tous les préjugés les plus absurdes.

# CHAPITRE V

## Application du réalisme à la politique intérieure et à l'administration

Les faits acquis : la République et le suffrage universel. — Le gouvernement idéal et le socialisme d'État. — Limitation des réformes aux possibilités empiriques. Rôle de la théorie en politique. Inconvénients de l'éloquence parlementaire. Dispersion des crédits électoraux. Rapports de l'État avec le capital et l'industrie. Nécessité d'une direction et abus des commissions. Rôle des fonctionnaires, etc.

L'application du réalisme à la politique, cela pourrait s'appeler l'opportunisme si le nom n'était pris déjà pour désigner un parti. Cela consiste à tenir compte des circonstances et à mesurer la force du vent contraire avant de s'envoler en plein ciel : ce qui ne veut pas dire (au contraire) qu'une fois parti, on se laissera emporter dans le sens du vent. C'est l'application de la méthode expérimentale, qui est la base de toutes les sciences physiques et naturelles, à cette science biologique, où elle devient d'autant plus nécessaire que les lois théoriques y sont plus complexes et leur enchevêtrement plus obscur. A vrai dire, quand on réduit l'idée à ces termes généraux, il n'est guère d'homme politique, si intransigeant qu'il se prétende sur les principes, qui ne soit amené à pratiquer un semblable opportunisme sous peine de se rompre le cou. Mais beaucoup, au lieu d'étudier d'abord les faits présents et passés pour concevoir ensuite un système rationnel, bâtissent au hasard un système sentimental en vue de conditions futures purement imaginaires, et tentent tout au plus de le justifier après coup par des expériences incomplètes et contradictoires. C'est comme si, en physique, les uns admettaient que tous les corps se dilatent ainsi que l'eau en passant de l'état liquide à l'état solide et si les autres soutenaient qu'ils se contractent tous, suivant le cas le plus fréquent... On est accusé de scepticisme, d'indécision, de réticence, de jésuitisme ; on reçoit à la face cette protestation que la Vérité est une et absolue ; on n'a enfin aucune action sur les foules quand on déclare que tantôt l'une des affirmations est exacte et tantôt l'autre. De là naissent des conflits d'opinions qui déchirent le pays.

Dans ces polémiques, j'aurais encore quelque indulgence pour les partis extrêmes ; ils ont du moins l'avantage d'être logiques et de dire nettement où ils conduisent. Leur violence fait qu'ils ont généralement peu d'adhérents et sont, par suite, sans danger bien durable. Le péril est beaucoup plutôt dans les innombrables préparations médicinales à nuances variées, où l'on a mêlé des proportions variables de chimère et d'empirisme pour offrir le choix au public... Et puis les violents deviennent parfois raisonnables en pratique pour se faire tolérer ; les modérés sacrifient trop souvent la raison pour rester au pouvoir... La thèse que je voudrais soutenir est celle d'un réalisme conscient de lui-même, où les chimères, que l'on peut former à l'état de rêves lointains, restent rigoureusement subordonnées à la pratique immédiate des faits. C'est une méthode où ceux qui ont l'habitude de la mécanique moderne reconnaîtront le système actuellement professé sous le nom d'énergétique. Chacun y reste libre de garder une conviction métaphysique quelconque, sur laquelle on ne saurait discuter avec fruit, puisqu'elle est par essence indémontrable ; mais, dès que l'on entre dans le domaine de la physique (qui devient ici la politique économique), on prend la résolution de se conformer, de s'adapter strictement et docilement à l'expérience. L'idéal métaphysique n'intervient alors qu'à titre d'espérance hypothétique, sans que, pour justifier son espérance, on ait jamais le droit ni la tentation de violenter les faits. L'hypothèse, a laquelle on se confie, n'est même, dans cette mécanique, que la coordination provisoire et consciente de faits connus servant de base pour atteindre la vérité encore inconnue. Nous ne demanderons pas autant de scepticisme au politique ; nous trouvons utile que, dans le domaine moral, la foi soit plus aveugle pour être plus vive. Mais, ce que nous combattons, c'est la tendance à bâtir un édifice imaginaire sur les nuages d'une logique approximative, contrairement à tous les enseignements de l'histoire. Commençons plutôt par examiner la maison que nos aïeux ont construite au cours des siècles et qu'ils ont progressivement rendue habitable ; avant de la détruire, voyons quels éléments en seront utiles à la reconstruction et quels autres on sera de toutes manières contraint de garder.

C'est cet examen auquel nous allons nous livrer en repoussant loin dans l'avenir la société idéale, dont les monarchistes et les collectivistes, pour ne prendre qu'eux, conçoivent des images tellement opposées. Au lieu de déterminer à la manière de Platon, de Fénelon ou de Karl Marx ce que devrait être la Société, nous examinerons ce qu'elle est, nous en chercherons les défauts et, parmi ces défauts, nous tolérerons provisoirement, après discussion, tous ceux sur lesquels il nous paraît impossible d'exercer une action immédiate, pour restreindre ainsi notre effort à un certain nombre de réformes plus circonscrites, moins séduisantes pour l'esprit, mais réalisables.

Il va de soi que toute critique semblable suppose implicitement, comme je viens de l'admettre, la conception antérieure d'un certain idéal lointain, par comparaison avec lequel on apprécie les défauts présents. Cette conception doit seulement rester d'accord avec la connaissance acquise des hommes, tout en gardant le droit d'y adjoindre un levain mystique destiné à faire lever la trop lourde pâte de l'empirisme. Je me refuserais à proscrire un tel souci de l'idéal, quand même on me le montrerait contraire au réalisme. Mais je ne crois pas qu'il lui soit contraire, si on se borne à lui attribuer le rôle de direction et de coordination que j'assimilais tout à l'heure à celui de l'hypothèse en physique. Avec ces restrictions, j'ai moi aussi, comme tout le monde, mon programme idéologique, que je dois commencer par exprimer en toute franchise.

Ce programme est très simple (ce qui ne veut pas dire qu'il trouvera beaucoup d'approbateurs : « Un minimum d'État, mais fortement armé pour la défense extérieure ; un minimum d'administration, mais résolue et cohérente ; un minimum de politique et réduite aux discussions économiques ; un minimum de changements dans le personnel ; un minimum de lois nouvelles ; chacun à sa besogne ; la liberté et la paix pour tous. » Très anarchiste comme on le voit, il n'a aucune chance d'être adopté. Le réalisme nous commande donc d'en remettre l'accomplissement à des temps meilleurs, d'admettre comme un fait l'intrusion dans nos affaires intérieures de la politique, de l'État, de ses fonctionnaires, de ses législateurs, de ses caprices, et de prendre pour point de départ cette politique telle qu'elle est, telle qu'elle ne peut guère ne pas être.

Parlons donc politique ; mais parlons-en sans injures et sans violences. Le mérite moral ou intellectuel des hommes ne dépend pas de leurs opinions rouges, roses ou blanches, plus que de leurs goûts artistiques ou littéraires. Préférer le gouvernement de Rome à celui de Sparte, ou

Louis-Philippe à Sadi Carnot, équivaut à exprimer un choix entre Racine et Corneille, entre Velasquez et Rembrandt. Il n'y a pas là de quoi pendre un homme.

Si nous nous plaçons en face des faits, domaine où nous chercherons à nous maintenir, nous en observons d'abord trois essentiels, que nous considérons comme purement expérimentaux : « La France est en République ; cette République est, depuis une cinquantaine d'années, parlementaire ; elle devient de plus en plus socialiste. » Les deux premiers faits ne paraissent avoir aucune chance d'être modifiés d'une manière durable, par quelque effort adverse que ce soit. Une révolution qui ramènerait la Monarchie comporterait une seconde révolution pour la renverser. A plus forte raison, toute tentative pour supprimer désormais une représentation populaire élue par le suffrage universel. Quant au socialisme, il a tiré une puissance énorme de la guerre, et c'est un essai auquel on ne renoncera plus que lorsque la pratique l'aura démontré irréalisable ; mais on peut s'efforcer de limiter cette démonstration...

Ces faits peuvent être bons ou mauvais ; il y a là matière à discussion pour les théoriciens ; mais nous les retiendrons à titre de faits.

Personnellement, je préfère sans fétichisme la forme républicaine pour sa souplesse plus grande ; et, tout en considérant le principe du suffrage universel comme équitable, j'en critique l'application actuelle pour le néant où elle tient les minorités et pour son culte des incompétences. Quant au socialisme d'État, je lui suis résolument hostile. Mais ce ne sont là que des opinions personnelles et théoriques. Les faits sociaux, sur lesquels nous n'avons aucune prise, doivent être admis par nous, sans attente d'un miracle qui les annihilerait, comme on subit des lois naturelles destinées à durer plus que nous. Dans les conditions actuelles de l'Univers, les gaz sont soumis à la loi de Mariotte et les corps pesants à l'attraction terrestre. Il n'y a pas à se révolter là contre, à déclamer que ce serait mieux autrement, à construire une science imaginaire dans l'hypothèse où l'espace aurait quatre ou cinq dimensions. La loi physique existe ; on tâche d'en éviter les inconvénients, d'en utiliser les avantages. Le jour où les corps se repousseront au lieu de s'attirer, on prendra des dispositions différentes. Ce sont les enfants qui pleurent parce que leur ballon s'envole ou parce que leur jouet se brise en tombant et qui crient avec fureur : « Je le dirai à Maman. »

L'homme raisonnable emploie l'expansion des gaz à actionner un moteur et s'oppose à la chute des corps en posant les objets fragiles sur une table.

Donc, encore une fois, pas de considérations philosophiques à la Montesquieu sur la meilleure forme de gouvernement qui convient aux peuples, et surtout pas d'efforts perdus pour changer le système politique qu'une expérience suffisamment prolongée a montré être, actuellement, préféré par la presque totalité des Français : c'est-à-dire conservation de la République, du suffrage universel et même de ce qui a déjà pris racine dans la théorie socialiste, pour limiter prosaïquement notre effort à un meilleur aménagement de la Société actuelle.

L'opinion conservatrice que je recommande ici est, d'ailleurs, qu'on ne s'y trompe pas, malgré l'allure un peu sceptique que je lui donne, celle de la plupart des hommes (et non pas seulement des Français). Tous, sauf de petits groupes turbulents ou avides de pouvoir, préfèrent la forme de gouvernement existante, quelle qu'elle soit, jusqu'au jour où des inconvénients économiques, qui peuvent être indépendants de cette forme gouvernementale, une famine par exemple, une banqueroute de l'État, ou une guerre malheureuse, leur font soudain désirer un changement d'une manière aussi unanime. Avec la royauté, cela s'appelle une révolution ; avec la république, une crise ministérielle. Dans une démocratie, le peuple, qui tient les rênes en mains comme un enfant assis sur les genoux du cocher, s'imagine avec un sérieux imperturbable conduire lui-même le gouvernement, et cette conviction introduit un ressort caoutchouté dans l'attelage pour amortir les secousses. C'est une des raisons pour lesquelles je préfère la République, où les accès de fièvre périodiques ont des conséquences moins graves ; et c'est pourquoi j'estime que les quelques réfractaires à la République encore existants serviraient bien le pays en cessant une opposition maladroite et stérile.

On devrait même aller plus loin et laisser hors de discussion quelques corollaires indirects de notre régime. Admettons que nous avons un voyage à effectuer en chemin de fer ; notre compartiment, qui s'appelle le parlementarisme, peut être mal remorqué, mal suspendu, mal éclairé. N'employons pas notre temps à déblatérer contre la Compagnie qui nous l'impose ; installons-nous y de notre mieux ; acceptons les suites presque inévitables du suffrage universel ;

endurons un peu de socialisme, avec lequel nos ouvriers s'amusent à faire joujou, comme le sage sait se résigner à la vie !...

A cet égard, et quand on reste dans ces généralités, l'éducation de la mentalité publique est suffisamment faite aujourd'hui. Même les grincheux qui grommellent le plus fort n'ont aucune idée très nette sur ce qu'ils voudraient mettre à la place de la République parlementaire. Le bon tyran rêvé par Renan ?... Oui, sans doute ; mais si c'était un mauvais ?... Quant à la foule, on lui a appris que le suffrage universel remédie à tout, console de tout ; elle récite chaque jour son credo devant ce fétiche ; en fût-elle mécontente, comme le Napolitain l'est parfois de ses saints, qu'après avoir brisé l'idole, elle en mettrait une toute pareille à la place... Elle est beaucoup trop occupée par des rivalités de clocher, par l'obtention d'un bureau de tabac, d'une place de cantonnier, d'un ruban violet ou rouge et surtout par la jalousie de ce qu'elle voit dans l'assiette de son voisin, pour s'occuper de changer la forme du gouvernement. Elle est même si absorbée par ces misérables questions de personnes que la première qualité à acquérir en politique serait pour elle de savoir renoncer à des querelles locales, génératrices de haines

Elle n'y renoncera que si l'on évite de lancer des pierres dans les mares aux grenouilles des arrondissements ; que si, par un artifice ingénieux, on met la « chose publique » à l'abri des voracités qui aujourd'hui la dévorent. Nous venons de nous incliner devant les principes généraux du gouvernement actuel ; mais, pour le rendre habitable, laissez-nous traiter à notre manière les questions économiques, industrielles, commerciales et financières, qui, la liberté d'exprimer son opinion une fois acquise, sont à peu près les seules choses intéressantes, pour lesquelles nous dépendions de nos élus.

Mon objection vise d'abord, on le voit, l'application du suffrage universel, sur laquelle on est convenu de faire reposer le régime républicain ; contrairement à toutes les doctrines érigées en dogmes par les bénéficiaires du système en cours, j'ai dit tout à l'heure que je trouvais cette application fâcheuse. Plus exactement, ma critique s'adresse au suffrage universel, égal pour tous sans exception aucune et constamment renouvelé. On a déjà proposé bien des remèdes : le scrutin de liste, le suffrage à plusieurs degrés, l'obligation de renouveler plusieurs fois un vote, la représentation des minorités, etc... Nous n'avons pas ici à entrer dans ces détails de mécanisme. Il suffit, pour notre sujet, d'avoir indiqué le sens dans lequel nous désirons voir s'orienter l'esprit public...

« Vous allez, me dit-on, fausser la volonté du peuple souverain !... » Voyons, entre augures, est-ce que le suffrage universel a jamais exprimé la volonté du peuple ?... Tout au plus la préférence d'un comité électoral qui s'est nommé lui-même, ou de quelque grand électeur qui a intronisé son candidat, ou encore d'un ministre de l'Intérieur à poigne, qui a fait agir ses préfets !... Pour croire qu'un vote quelconque exprime l'opinion de la majorité, il faut n'avoir jamais assisté même à une élection ou une attribution de prix dans une académie... L'opinion de la majorité ; mais où avez-vous jamais vu une majorité avoir une opinion sérieuse et personnelle sur un candidat, si ce n'est en des cas exceptionnels où la faveur populaire se porte généralement sur quelque général Boulanger ? Le suffrage universel tel qu'il existe ne représente ni la majorité, ni encore moins la minorité ; il représente le caprice de quelques-uns, le hasard, ou, dans l'hypothèse la meilleure, le choix imposé aux électeurs entre deux solutions extrêmes.

Quant à espacer davantage les élections, pour

soustraire les élus à la tyrannie constante de leur comité électoral, cela rentre dans le principe de stabilité dont il sera question plus loin. Moins les voyageurs interviennent dans la conduite du coche et mieux celui-ci roule. Songez à ce qui se passerait s'ils prétendaient élire entre eux, d'après la nuance de ses opinions, le mécanicien de la locomotive, ou l'aiguilleur chargé de les lancer sur la bonne voie !...

Dans cet ordre d'idées, je voudrais que tout Français ne se crût pas forcé d'avoir chaque matin une opinion sur la conduite du gouvernement et de proposer chaque soir un projet de loi ou un changement de ministère : qualité négative dont l'action deviendrait vite efficace. Est-il donc si extraordinairement facile de gouverner la France que tout électeur veuille à toute heure s'en mêler et que tout élu soit toujours prêt à s'improviser ministre ? La manie de politiquailler est une maladie latine. L'immixtion constante de tous les petits intérêts personnels appuyés sur des mandats impératifs a pour conséquence inévitable leur toute-puissance, tandis que les intérêts généraux restent uniquement représentés dans les assemblées par les statues imposantes mais peu bavardes de Sully, Colbert ou d'Aguesseau. Les législateurs une fois élus deviendraient même inamovibles, comme les magistrats chargés d'appliquer leurs lois, que les choses n'en iraient sans doute pas plus mal...

Tout cela sonne l'hérésie ; et il est fort heureux que je ne sois pas candidat, car je n'aurais aucun succès. J'en aurai encore moins si je pourchasse un peu plus loin l'idéologie dans la façon habituelle de concevoir toute la mécanique gouvernementale : ce qui me conduira à attaquer les tendances hautement proclamées par les socialistes.

Qu'est-ce qu'un gouvernement ? Pour la pl.. part de nos contemporains, c'est une machine à réaliser l'idéal, à fabriquer la justice intégrale (celle qui ne peut pas être de ce monde). On veut faire de lui une sorte de don Quichotte redresseur de torts, trop souvent occupé en conséquence à pourfendre d'honnêtes pèlerins qu'il prend pour des démons, ou à délivrer des galériens qui lui semblent des opprimés. A mon humble avis, c'est beaucoup plus simplement un syndicat de concitoyens qui unissent leurs efforts pour un certain nombre de mesures communes, difficiles à exécuter isolément : mesures dont les deux principales sont le maintien de la paix au dehors et au dedans. Justice, affaires étran-

gères, armée ; et, par surcroît, réalisation de
certains travaux publics, telles sont les besognes
essentielles de l'État, auxquelles s'ajoute nécessairement la gestion de la caisse commune que
comporte une telle coopérative. Le reste ne vient
que par surcroît et doit être discuté suivant les
époques empiriquement.

Dans une telle coopérative, il est naturel et
logique que tous les participants aient le droit
d'exprimer leur opinion et qu'il soit tenu compte
de ces opinions pour les décisions à prendre.
C'est le but très légitime du suffrage universel
(sinon son effet). Telle charge payée par tous
sans exception, comme le service militaire, comporte le droit, pour tout citoyen, d'intervenir
dans les résolutions de guerre ou de paix. Et
ces charges seront mieux supportées si on croit
avoir été consulté à leur sujet. Mais, là où la
doctrine régnante devient illogique, c'est lorsqu'elle prétend que toutes ces opinions ont exactement le même poids et doivent avoir le même
coefficient d'influence dans les déterminations
économiques ou financières. Nécessité pratique,
me dit-on, tenant à ce qu'il n'existe aucune balance permettant d'évaluer le poids relatif des
opinions individuelles. Le poids théorique, non
sans doute ; mais le droit proportionnel que

peuvent avoir ces opinions d'intervenir dans un
traité de commerce, dans un tarif de douane ou
dans un budget, peut-être que si,... jusqu'au jour
où on aura complètement aboli la propriété individuelle : d'où résultera naturellement qu'on
n'aura plus à discuter des problèmes industriels
puisqu'il n'y aura plus d'industrie. La feuille
d'impôts, la patente ou la cédule correspondante,
le chiffre d'affaires, que sais-je encore ?... En
tout cas, le pire système est celui que nous su-
bissons, où les électeurs sont partagés en deux
groupes : l'un qui décide, l'autre qui paye. Une
telle organisation s'est appelée de tout temps le
servage.

On enseigne dans les Ecoles que « l'État, c'est
tout le monde » et l'on en donne pour preuve que
tout contribuable a son bulletin de vote. Mais
que vaut ce droit quand l'opinion de la minorité, différât-elle d'une voix seulement avec la
majorité, ne compte absolument pour rien ? En
quoi la situation de cette minorité diffère-t-elle
de ce qu'était l'état des juifs au moyen âge,
ou de ce que reste le régime des Arméniens
en Turquie ? Le jour où il devient ainsi manifeste que l'État représente l'oppression par la
force, on peut continuer à l'appeler République
parlementaire, ce n'en pas moins une oligar-

chie despotique, une tyrannie, une dictature.
Et quel respect aura-t-on pour des lois qui vous
ont pris à la gorge dans une forêt de Bondy
pour vous réclamer la bourse ou la vie ? Tout
l'avantage d'équité, qui pouvait faire supporter
les défauts inhérents au parlementarisme, s'éva-
nouit.

Ainsi ne raisonnent pas nos socialistes et
nous devons nous arrêter un moment pour discuter leur thèse. Car, beaucoup plus que les monarchistes exhortés plus haut à se convertir, ils
prétendent reconstruire la Société sur un plan
conforme à leur logique, sans tenir le moindre
compte de ce qui existe, ou plutôt en considérant que tout ce qui existe est mauvais. Leur
théorie satisfait-elle à un vague idéalisme théorique, ce n'est pas la question que se pose en ce
moment notre empirisme ; nous n'avons qu'à
examiner si elle est, d'ici longtemps, applicable
ou non et si les conséquences en seraient avan-
tageuses ou fâcheuses pour le pays. Néanmoins
il nous est impossible de ne pas commencer par
signaler combien son apparence de justice est
trompeuse.

On n'attend pas de moi, bien entendu, un
exposé de la doctrine ; mais chacun la connaît
assez pour se rendre compte qu'elle tend à nive-

ler les individus en les mettant tous dans la main de l'État. La conséquence forcée est de faire entretenir les paresseux par les travailleurs, les ivrognes par les sobres, les imprévoyants par les économes. Les socialistes combattent la propriété et l'héritage pour supprimer l'inégalité injuste qui existe entre deux nouveau-nés ; ils ne suppriment pas et ne peuvent supprimer toutes les autres inégalités non moins injustes qui résultent de l'atavisme, santé, intelligence, etc. ; mais surtout, ils commettent une injustice inverse plus grave encore en retirant au père la principale récompense de son travail, la joie d'avoir peiné utilement pour ses enfants. Ils sont ainsi conduits à annihiler la famille. C'est une doctrine de célibataires et de moines.

Plus encore qu'injuste, le collectivisme est actuellement inapplicable, parce qu'il heurte de front l'instinct le plus profondément enraciné dans l'homme tel que nous le connaissons et le pratiquons, tel qu'il est, celui de la propriété personnelle : un instinct qui nous est commun avec les animaux, qui se manifeste dès les premiers mouvements de l'enfance et qui ne disparaîtra que lorsque l'évolution aura fait de nous des anges. Prenez à six mois l'Émile de Rousseau ou l'Ingénu de Voltaire. Essayez de leur enlever un jouet pour le donner à leur frère et vous verrez si la notion de propriété est une acquisition artificielle de l'éducation !... Mettez deux ouvriers pris au hasard devant une même tâche. Prêchez au premier le plus éloquemment du monde qu'en l'accomplissant il aura contribué au bien-être de l'humanité ; promettez au second, quand il aura terminé, une pièce de vil métal jaune et vous n'aurez pas beaucoup de peine à observer lequel des deux aura fini le plus vite !

Partout où il a existé des biens communaux, on est conduit à les morceler pour les mettre en valeur. En dehors des sociétés par actions, la seule application réalisable du socialisme se trouve dans les monastères, avec des sujets triés et un espoir surnaturel ; mais demandez aux socialistes espagnols ce qu'ils pensent des biens de mainmorte ! Il faut pourtant être une nonne pour dire sincèrement, en parlant du bonnet qu'on porte au front, « notre bonnet » et pour appeler le chapelet qu'on égrène en priant « notre chapelet ». Si nous aimons le socialisme, nous n'avons qu'à nous faire Franciscains...

Injuste et irréalisable, le socialisme est enfin, dans la mesure où on commence à l'appliquer, infiniment dangereux pour l'avenir du pays. Sa vraie définition est, en effet, dans l'expression que j'employais tout à l'heure : doctrine de célibataires et de moines. Contraire au sentiment de famille, contraire au mariage, il mène tout droit à la dépopulation : c'est-à-dire à l'asservissement de notre pays par l'étranger plus peuplé et plus fort. Hostile à l'intérêt individuel, il ne peut que paralyser l'esprit d'entreprise et ruiner l'industrie dont il est issu; en quoi, il finirait par s'annihiler lui-même comme ces microbes qui meurent de leurs propres toxines et qui vaccinent ainsi l'organisme contre une contamination ultérieure. Enfin, il faut bien se rendre compte que le seul procédé trouvé jusqu'ici pour en amener la réalisation partielle en dehors des cloîtres est la confiscation croissante des héritages par l'État sous la forme des droits de succession. Or qu'arrive-t-il quand une propriété doit être entièrement repayée à l'État pour avoir deux ou trois fois changé de main ; c'est que le capital ainsi exproprié n'aboutit même pas à la communauté : il s'est simplement évanoui en fumée, sous forme de salaires à des fonctionnaires, ou de prébendes électorales. Sans vouloir parler finances, la nécessité constamment renouvelée de vendre de gros paquets de titres ou des terres à chaque héritage, est, on le sait, la cause d'une baisse sur les valeurs de tous genres qui, comme toujours en pareil cas, dépasse même sa cause première. Et l'État, qui perd pour une foule d'autres raisons par cette diminution indirecte de la fortune publique, n'en profite même pas directement. Car, à l'exception de quelques très rares travaux utiles, l'État n'acquiert pas de capital, puisqu'il dépense chaque année au delà de ce qu'on lui verse; il n'a que des revenus; et, de ces revenus, il ne reste, une fois l'année écoulée, qu'un souvenir, tandis que les particuliers lésés par le fisc ont été définitivement appauvris. Mieux vaudrait, pour la communauté, un vol proprement dit, qui ferait passer la propriété de l'un à l'autre.

Un mot encore : les socialistes ont sans cesse des promesses de paix à la bouche; et leur système constitue pour l'avenir la plus redoutable menace de guerre, de même qu'il a, pour une grande part, contribué à la guerre actuelle, avant d'être la cause principale de son prolongement indéfini. Il faut distinguer entre les paroles et les faits, entre l'utopie et la réalité. Doctrine de guerre à l'intérieur et, qu'on ne s'y trompe pas, instrument probable d'une lutte prochaine entre les ouvriers et les paysans déjà éclatée en Russie, le socialisme provoque à la guerre étrangère par le fait qu'il détermine la hausse des prix, l'augmentation du coût de la vie, la concurrence plus âpre, la nécessité de débouchés de plus en plus vastes et, en même temps, le protectionnisme qui s'y oppose. Il enferme de la vapeur sous pression dans une chaudière dont il amincit les parois. Il a beau écrire au dehors, en superbes capitales : « Société des Nations ; tribunal de La Haye ; solidarité internationale ». Bientôt, la vapeur, parce qu'elle est et restera vapeur, fait explosion. Alors on est très étonné ; et, comme on n'avait rien voulu préparer pour remédier au danger, la crise se propage et se prolonge.

Regardez les faits sous un autre jour ; le socialisme d'État, c'est le germanisme à peine déguisé ; car c'est l'impérialisme, qui conduit fatalement au militarisme et à la conquête ; car c'est le despotisme du nombre et de la Force imposé à des individus asservis. Le socialisme allemand a déterminé la guerre ; le socialisme universel en sera le seul vainqueur, le seul profiteur ; et, du conflit entre les nations socialisées, d'autres guerres renaîtront inévitablement.

Oui, sur ces millions de morts et ces ruines, se dresse, de plus en plus arrogante, de plus en plus vorace, la monstrueuse idole de l'État socia-

liste : entité mystique dans son essence, incarna•
tion goulue dans la réalité, à laquelle toute la vie
de la nation doit être offerte en sacrifice. Étrange
Moloch, d'autant plus puissant qu'il semble plus
affaibli et ruiné par ses dettes ; car il possède
cette faculté paradoxale de forcer ses propres
créanciers à travailler pour payer les intérêts de
ce qu'il leur doit ; et, plus il leur a emprunté,
plus il leur impose d'esclavage. L'État Français
dépense dans cette guerre une bonne partie de la
fortune publique ; le « pauvre homme » laisse
dire qu'il s'est appauvri ; mais, réfléchissez-y,
qui a emprunté? lui ; et qui payera? nous !...

Récriminer contre le passé serait stérile ; il
faut pourtant voir d'où vient le mal et pourquoi
Tartufe nous crie aujourd'hui :

La maison est à moi : c'est à vous d'en sortir !

c'est parce que la France s'est laissée prendre à
ses protestations hypocrites de dévouement et
de vertu ; c'est parce qu'elle a bu candidement
dans son verre infesté de microbes. Maintenant
l'organisme est contaminé ; mais nous pouvons
du moins suivre l'évolution de la maladie en prenant des mesures antiseptiques et prophylac-
tiques pour éviter que l'éruption ne gagne.

Dès que l'on étudie, sans même employer le microscope, cette forme d'idéologie purulente appelée le Socialisme, on constate à son origine la bacille de l'Égalité, dont nous avons déjà signalé l'extension et la virulence. Il n'est pas un Français qui ne soit, à cet égard, « porteur de germes ». Contentons-nous ici de noter son rôle en passant ; nous le retrouverons tout à l'heure et ce que nous venons d'écrire suffit déjà pour motiver notre inscription dans la prochaine « charrette ». Plus qu'un tel danger, ce qui m'arrête dans cette critique générale du suffrage universel et de ses conséquences socialistes, c'est le sentiment qu'en discutant sur de tels problèmes, je manque au sens pratique dont je me suis constitué ici le pauvre missionnaire. Notre régime parlementaire est encore un enfant, plein « d'heureuses espérances », mais qui a besoin de jeter sa gourme et de casser quelques plats à la manière russe avant de devenir raisonnable, jusqu'à l'excès peut-être, avec l'âge. « Il faut, dit-on, que jeunesse se passe. » Modérons encore une fois nos ambitions et, renonçant à changer la pratique générale de nos institutions, ou la mentalité dont celle-ci procède, comme nous avons, dès le début, évité de toucher leur principe, bornons-nous à tenter d'améliorer nos législateurs et nos ministres par une action morale sur les électeurs dont ils dépendent. Nous serons ainsi beaucoup plus fidèles à notre but, en montrant à nos concitoyens les qualités qui leur manquent, au lieu de les obséder avec des reproches contre le régime qu'ils s'imaginent avoir choisi...

Le moment paraît opportun. S'il est une époque exceptionnelle où le suffrage universel pourra jamais être emporté par un vaste courant d'opinion capable d'en balayer les scories, c'est la période qui suivra la guerre. Une crise aussi tragique, aussi intense et aussi évidemment accentuée par des erreurs de direction politique aura peut-être fait l'éducation des masses dans la mesure où ces masses sont déjà éducables, pour leur démontrer à coups d'obus qu'un pays où les intérêts locaux ont trop longtemps dominé en subit le châtiment rapide et cruel sous la forme de l'invasion étrangère. Invasion militaire aujourd'hui ; invasion économique hier... et aussi demain si nous ne profitons de la leçon. Sans rien changer aux étiquettes ni aux formules, notre pays va, avoir le gouvernement qu'il méritera. Aidons-le de toutes nos forces à en mériter un bon !...

Arrivé là, on peut appliquer à la conduite de

l'État, quels que soient son nom et sa forme, ce que nous avons développé dans le chapitre précédent à propos de l'industrie ; car il n'y a pas deux manières de réussir dans la concurrence entre les individus ou les groupements humains. 1° Conception générale basée sur l'expérience, exclusive de l'illusion et de la chimère, ayant renoncé à réaliser l'absolu ; 2° synthèse de toutes les forces disponibles sous le contrôle d'un État favorable aux initiatives et maintenant une balance équitable entre les diverses formes des énergies sociales ; 3° concentration de ces énergies vers le progrès de la richesse nationale ; amélioration du fonctionnarisme ; organisation scientifique de la nation ; application souple et énergique des décisions prises: c'est presque le même plan qui s'est déjà imposé à nous pour l'industrie et que nous retrouverons une fois de plus quand il s'agira de la politique étrangère. Précisons-le rapidement, en reprenant l'un après l'autre les trois points principaux qui viennent d'être énumérés.

Nous sommes et nous resterons en démocratie. C'est pourquoi je vais indiquer les défauts naturels de la démocratie; nous aurions un gouvernement autocratique que j'aurais à signaler des défauts différents, mais non moindres. Le correctif à apporter à ces défauts par le réalisme, étudié seul dans ce chapitre, implique souvent les notions de stabilité et de discipline que, pour leur importance même, nous remettons à des chapitres suivants : il n'en sera question ici qu'incidemment.

Le sujet qu'il nous reste à traiter ici est déjà assez vaste par lui-même ; car il nous conduira à discuter notamment le rôle de la théorie en politique, les inconvénients de l'éloquence parlementaire, la dispersion des crédits électoraux par le particularisme, les rapports de l'État avec le capital et l'industrie, la nécessité d'une direction responsable et l'abus des commissions, le rôle des fonctionnaires, etc. : autant de gros problèmes qui souffriront d'être résumés en quelques lignes.

Et d'abord, suivant le programme précédent, nous allons combattre une fois de plus dans le détail le vice général qui affecte toute notre politique et dont nous avons déjà vu les effets principaux : le besoin d'absolu dans un domaine essentiellement relatif, la facilité à s'illusionner, à se laisser suggestionner, à se payer de grands mots qu'ont les foules. Il serait nécessaire, avant tout, de savoir où l'on va, donc de concevoir un plan d'ensemble, d'en peser les inconvénients et les avantages et, la décision prise, d'être résolu à l'appliquer jusqu'au bout, coûte que coûte, avec les sacrifices d'hommes, d'argent, et même de principes indispensables. Car, suivant le proverbe, savoir c'est vouloir et vouloir c'est pouvoir. Mais, pour que ce plan ait un sens, le point capital est que les fondations de l'édifice projeté ne reposent pas dans le vide. J'ai déjà qualifié les démocraties de féminines, tandis que les autocraties présentent un caractère plus masculin. Les femmes ont une tendance connue à remplacer la raison par le sentiment, l'effort continu et homogène par des impulsions suivies de reculs. Elles aiment les beaux parleurs qui leur ouvrent de larges espoirs et qui font appel aux noblesses de l'âme. Les foules latines aussi. D'où la tendance idéologique, contre laquelle est dirigée la plus grande partie de ce livre. Supposer les hommes parfaits, égaux et interchangeables, premier écueil. Nous avons été trop souvent gouvernés par des mathématiciens qui raisonnaient sur les affaires humaines comme sur les angles d'un triangle. Nous avons eu trop d'hommes d'État à l'ingénuité bien intentionnée, qui n'ont jamais pu comprendre la fatalité par laquelle ils se sont crus poursuivis.

La politique est un métier dont on a tort de

se mêler quand on possède une âme de moine avec la peur constante de se tacher les mains. Quiconque l'adopte a dû réfléchir qu'il y serait forcé de pétrir la pâte humaine : cette pâte entière, telle qu'elle est, avec ses souillures, qu'on ne saura ni éliminer, ni annihiler, ni absorber si on se refuse à les toucher et à les voir. Légiférer à l'intérieur pour le paradis, conduire la politique étrangère sans prévoir qu'on y rencontrera des falsificateurs de dépêches ou des déchireurs de traités, étaler ses négociations au grand jour, aller tout droit son chemin d'honnête homme, annoncer ses projets et se fier à la parole de ses adversaires, croire, en un mot, suivant l'argot populaire, que « c'est arrivé », assimile un chef d'État à un chauffeur d'automobile qui ne voudrait supposer sur sa route ni obstacles, ni détours, ni ornières : la voiture serait vite dans le fossé...

Second résultat fâcheux du même vice fondamental : la nécessité de qualités oratoires pour escalader et occuper le gouvernement ; donc le règne de la faconde, la rupture d'équilibre au profit des méridionaux, l'oubli du terre-à-terre en faveur de généralisations vagues ; et l'emploi d'artifices analogues à ceux qui font applaudir les conférenciers pour dames. Une assemblée a,

devant un mot heureux ou maladroit, des transports qui ressemblent à des crises de nerfs. Elle
exige, au moment opportun, la tirade qu'elle
attend. Si on lui sert à la place une vérité impré-
vue, elle est parfois prise d'une indignation sincère. On a vu renverser violemment un ministre
de la Guerre pour avoir exprimé ce truisme évident que cinq cents personnes (fussent-elles députés) n'ont jamais gardé un secret. Guizot a sou-
levé une réprobation durable en disant aux
Français : « Enrichissez-vous ! » ; ce qui est
pourtant le premier conseil à donner quand un
pays va périr d'inanition et de misère... Il semble que, dans les Assemblées, on vive, non de
bonne soupe mais de beau langage. Sur la scène
où se joue notre histoire parlementaire, tout
prend, suivant la tendance générale que j'ai déjà
signalée, une allure de théâtre. Acteurs en vedette,
figurants prêts à saisir les premiers rôles, public
d'habitués et de journalistes semblent venus à
la Chambre chercher des émotions, des rires et
des dénouements sensationnels, épier le faux pas
d'un acrobate, guetter l'instant où le dompteur
sera mangé. Comment de pauvres petits projets
de routes ou de ports, des discussions de tarifs
douaniers feraient-elles recette ? Après les avoir
joués en lever de rideau devant des banquettes

vides, on y renonce rapidement. Une loi de circonstance, à la bonne heure ! Une improvisation qui fait coup de théâtre en visant un homme ou un parti !... Encore ne faudra-t-il pas trop s'y attarder, pour retourner vite aux scènes plus passionnées de polémique et d'injures ; et sera-t-il bon de laisser à un règlement d'administration publique le soin de se débrouiller dans les contradictions d'un travail bâclé...

Troisième et dernière conséquence : avec ce grossissement que produit l'optique d'un milieu restreint trop éclairé par la lumière de la rampe, il se crée une race de politiciens habitués à considérer le jeu de la politique comme ayant son but en lui-même. Dans ce monde spécial, on s'imagine, ou l'on feint de s'imaginer, que la nuance de tel ou tel parti correspond à une différence réelle dans l'aptitude à gouverner l'État ; et l'on raisonne comme ces comédiens en vedette qui s'imaginent faire seuls la recette... « M'as-tu vu pulvériser le ministère ? »... S'ils savaient combien rarement le grand public connaît même les noms de ses ministres, à moins d'avoir une faveur à leur demander !... C'est en songeant à des défauts de ce genre que j'écrivais tout à l'heure dans mon programme : un minimum de politique et de politiciens. Ce qui veut dire: plus

de duels oratoires, plus de steeples à la poursuite des portefeuilles, plus de haines uniquement motivées par le fait qu'on s'est assis à
gauche ou à droite; mais la seule politique utile,
qui doit être industrielle, commerciale, financière, économique, qui doit avoir pour but, non
d'opposer mais de concilier les intérêts nationaux et de faire masse contre l'étranger. Adieu
à ces campagnes de diffamations ou de calomnies qui, échangées avec une égale injustice de
parti à parti à travers les révolutions, feraient
croire, si on les additionnait, que notre pays a
été uniquement représenté, depuis un siècle, par
des malfaiteurs ou par des fous !

L'idéologie, le verbiage et la politiquaillerie
ayant été ainsi expulsés par un progrès de la
mentalité publique, sur lequel nous ne cessons
d'appeler l'attention, nous nous proposons ensuite une synthèse rationnelle de toutes les
forces, avec les spécialisations et les éliminations utiles au bien commun. C'est le contraire
de la dispersion qui existe et qui devient néfaste
si on ne sait pas réagir à temps. Tout régime
électoral abandonné à lui-même, tend, par une
pente fatale, à disséminer ses eaux fécondantes
dans le lacis, de plus en plus ramifié, d'un delta
qui se perd au milieu des sables. Car l'essence

de la démocratie est de prétendre satisfaire le plus de monde possible ; ce qui, de marchandage n compromis et de gaspillage en prodigalité, aboutit à ne contenter personne. Toute assemblée élective, qui ne se bride pas elle-même par un règlement très rigoureux, multiplie bientôt les privilégiés jusqu'à annihiler leurs privilèges. Nous avons, pour cette même raison, à la fois trop de ports, trop de sous-préfectures, trop de garnisons, trop de députés, trop de fonctionnaires, trop de décorés, voire trop d'académiciens. Partout le mal se fait sentir de même. Refuser chagrinerait de braves gens ; accorder ne semble guère avoir d'autre inconvénient que de grever un budget réputé inépuisable ! Il vaudrait pourtant mieux avoir un seul Hambourg que vingt Dieppe ou la Rochelle, être gouverné par cinquante hommes capables que par un millier de bavards, pouvoir s'incliner avec sécurité devant un ruban rouge ou une croix de guerre que craindre de saluer ainsi un agent électoral ou un embusqué. C'est un mauvais système, parce que les louis d'or font prime, de distribuer des poignées de liards !

Ce que je propose là n'est pas facile ; car, lorsqu'on sort des tirades officielles pour entrer dans le concret, on a toujours peine à obtenir d'un arrondissement qu'il se sacrifie au bien public. Ledit arrondissement estime, au contraire, que son député est un avocat chargé de le représenter, de plaider sa cause et non d'afficher hors de propos son désintéressement... Des députés avocats de leurs électeurs, cela peut se soutenir ; mais à la condition que ces avocats ne soient pas, en même temps, les juges ! On entrevoit, dans ce sens, le germe d'une solution... idéale : faire plaider les députés devant un tribunal administratif, qui serait un Conseil d'État inamovible. Sans quoi, tout se passe trop comme avec les ministres de Ruy Blas :

Donnez-moi l'arsenic, je vous cède les nègres...

Il y a là un écueil dont les pays constitués par des agrégats disparates ne se tirent qu'au moyen du fédéralisme. La France a une assez vieille et forte unité pour que le danger n'y atteigne pas la notion de patrie. Néanmoins, par le fait seul que la Seine-Inférieure et les Basses-Alpes font partie du même pays, il est inévitable que les Basses-Alpes contribuent à payer les agrandissements du Havre ; mais Le Havre à son tour paye à des régions désolées des Alpes des routes qui seraient autrement inexécutables ; et, en définitive, ce sont les riches qui financent pour les pauvres, ainsi que la logique l'impose.

Peut-être, à cet égard, semblera-il utile que les dépenses soient, comme cela se passe en régime parlementaire, votées et acquittées par une collectivité, alors que le profit de l'opération doit appartenir à un seul individu ; car cela encourage à les contrôler. Mais, outre les marchandages, il en résulte que, dans le budget, les chapitres les plus difficiles à faire voter sont ceux qui correspondent à une œuvre concrète et, par conséquent, d'apparence locale, tandis que l'on sacrifie sans hésiter les millions pour les grandes « réformes » générales, où chacun espère trouver son avantage. Le remède à ce particularisme nuisible pourrait être encore de généraliser les élections en les rendant régionales et en diminuant du même coup le nombre des députés. Sinon, on serait réduit à invoquer un pouvoir central assez fort pour imposer des mesures d'intérêt général à la Chambre. N'y comptons pas avec le métier de danseur de corde auquel on réduit nos ministres, sans cesse préoccupés de maintenir leur équilibre, tandis que d'innombrables mains les tirent par leurs basques pour les faire choir... Alors quoi ? se passer de l'État et faire organiser entrepôt, port, canal, voie ferrée, etc., par des associations commerciales qui, après y avoir engagé des capitaux, en recueilleront les bénéfices ? Pour certains grands travaux, il est possible que le long séjour des Anglais et des Américains dans notre pays contribue à vulgariser de telles idées. Encore faut-il que, sans être aidé par l'État, on n'ait pas du moins à lutter contre son hostilité, qu'on puisse compter sur un certain avenir et qu'on ne soit pas grevé par des travaux inutiles que ledit État continuerait pendant ce temps à exécuter ailleurs à nos frais. Et voici un nouveau défaut plus grave, sur lequel notre attention se trouve attirée : l'attitude actuelle de l'État à l'égard de l'industrie, du capital et de la propriété : attitude qui résulte directement de l'idéologie socialiste.

L'État, dans notre pays, est si occupé à remplir une foule de fonctions qui ne le regardent pas ; c'est si habituellement, suivant le mot d'un homme politique désabusé : « Un Monsieur qu'on ne trouve jamais chez lui », que nos industriels et commerçants se sont résignés à ne pas recevoir son appui, en demandant seulement à ne pas être paralysés par son mauvais vouloir. La prétention doit être moins modeste qu'elle ne semble au premier abord, car elle est bien loin

de leur être accordée. L'État, en France, n'est
pas l'allié des industriels comme en Allemagne ;
il ne reste même pas neutre ; c'est un ennemi...
Mettons, je le veux bien, l'affirmation au passé
pour tenir compte de promesses qui attendent
encore d'être remplies avec quelque continuité...
Si, malgré toutes les qualités d'initiative, d'ingéniosité, d'invention, de science, de méthode
qui sont inhérentes au caractère français, notre
commerce d'exportation, notre marine commerciale ont décliné rapidement par comparaison
avec ceux de nos voisins, il faut bien en accuser
un système administratif qui, depuis dix ans, a
déclaré la guerre au Capital et à l'Industrie,
comme à toutes les forces conservatrices susceptibles de lui assurer quelque stabilité.

Je le rappelais tout à l'heure, on enseigne,
dans les traités de morale populaire, que l'État,
c'est nous. Dans la pratique, l'État, ce sont les
autres ; des autres qui non-seulement se veulent
du bien à eux-mêmes, chose trop naturelle, mais
aussi qui nous veulent du mal à nous, aux gens
désireux de travailler en paix. Et voilà ce qu'il
importerait de modifier plus que tout le reste,
en renonçant à exécuter par la force de l'État
des réformes utopiques. Car le règne de l'utopie
fait de l'État un instrument de guerre entre des

classes depuis longtemps supprimées sur le papier et une arme contre la fortune acquise : par conséquent contre le labeur et l'économie dont, neuf fois sur dix, cette fortune a commencé par être le fruit. — En fait, le dixième cas, celui sur lequel s'appuient les ennemis de la propriété, est éliminé en peu de générations par le système d'impôts actuels. — On pourrait donc revenir à la notion plus saine que le capital et le travail sont deux collaborateurs nécessaires l'un à l'autre, deux formes différentes de l'énergie, dont chacune représente l'autre à l'état de potentiel : ici du travail accumulé et là du capital en formation. L'équilibre nécessaire entre ces deux accumulateurs de forces connexes peut être réglé par des manomètres que représenteraient les syndicats organisés, reconnus, durables et responsables d'ouvriers et de patrons.

C'est une éducation à faire des deux parts : éducation qui n'est nullement irréalisable et qui rentre bien dans notre programme. Mais elle nécessite qu'on envisage consciencieusement le mal commis depuis un siècle en provoquant une hostilité lamentable : mal, dans lequel il y a eu des coupables de chaque côté, parce que, sous prétexte de justice, chacun n'a voulu voir de cette justice que ce qui était à son profit. Cependant le Français, à titre individuel, est presque toujours susceptible de se rendre à un raisonnement convaincant et d'admettre même un certain sacrifice quand on lui a démontré que ce sacrifice était équitable. C'est la compensation des chimères où l'entraîne ce même besoin d'équité quand il obéit à son âme collective. L'amélioration de notre âme collective est le grand problème de demain. Elle ne réussira que si elle est progressive et si, comme toute formation d'une âme enfantine, elle se propose de trier les instincts naturels pour favoriser les uns, réduire les autres, en créant ainsi l'apparence efficace d'instincts nouveaux.

Le Français, je viens de le dire, — et cela s'applique même aux marmots, même aux individus incultes — accepte généralement une peine ou un châtiment, à la condition qu'on ne lui fasse pas tort, ou, ce qui pour lui revient au même, qu'on n'avantage pas son voisin. Il n'admettra jamais la parabole des ouvriers de la onzième heure. De la part d'un patron, d'un officier, c'est l'inégalité qui irrite beaucoup plus que la sévérité. Et nous sommes tous des subordonnés vis-à-vis de ce grand patron qu'est l'État. Il faut donc s'attacher, non à imposer ce qui froisse, mais à démontrer et à faire admettre instinctivement une appréciation différente de la justice. Pour cela, il faut sortir de l'absolu, du jacobinisme, des mathématiques, du romantisme et incorporer à tous cette idée empirique que la justice humaine est nécessairement un compromis entre deux prétentions contraires, également fondées dans une certaine mesure.

Cette grosse question des rapports entre l'État et l'Industrie nous conduit au troisième point de notre programme : l'organisation méthodique et l'application à la fois souple et énergique de notre mobilisation industrielle. Pour obtenir de semblables résultats, ce qui importe, ce sont moins les principes que les hommes. La direction fait souvent toute la valeur d'une entreprise ; et cette notion n'est pas moins exacte quand il s'agit de diriger l'ensemble des affaires économiques dans un grand pays que quand il est uniquement question de fabriquer des cotonnades ou de vendre de l'épicerie. On ne réussit rien quand il n'y a pas une tête unique pour commander et des bras pour exécuter. La dispersion est aussi nuisible dans la direction que dans la répartition des crédits... Malheureusement cette vérité de bon sens est contraire à l'esprit démocratique et, plus particulièrement, au socialisme, parce qu'elle semble contraire à l'égalité. Les démocraties aiment mieux tout éparpiller : les pouvoirs, les responsabilités et les mérites, comme les énergies utiles. D'où ce résultat d'une guerre où nous avons mis quatre ans à ne pas chasser les Allemands de France, parce que nous avons toujours eu peur d'avoir un chef et parce que nos alliés, animés d'un esprit analogue, en avaient peut-être encore plus peur que nous. Au bout de quatre ans seulement, l'opinion publique a exigé un pouvoir fort avec une telle vigueur qu'on a pu penser à l'état d'âme d'où sont sortis les 18 brumaire et les 2 décembre ; mais ce pouvoir fort ne l'a pourtant pas encore été assez pour réaliser aussitôt l'unité de commandement sur notre front.

C'est que l'on est hanté par la peur des dictatures, où finissent généralement par tomber les anarchies. On craint toujours que la faveur populaire et le besoin d'être gouverné ne cristallisent sur un nom d'homme. Ceux qui pourraient être des chefs aiment souvent mieux eux-mêmes échapper à la fois aux soupçons et aux responsabilités.

Aussi, que fait-on chez nous, même quand il y a urgence à prendre une décision rapide ? on nomme une commission qui finit par voter à la majorité des voix quelque mesure terne et inefficace, dont personne n'est satisfait, mais par laquelle personne ne peut s'estimer trop avantagé ou lésé. Les commissions, les mesures, les arrêtés, les décrets, les lois mêmes, ce sont les poudres de perlimpinpin, dont le médecin ordonne trois milligrammes dans une cuiller d'eau un quart d'heure avant chaque repas et qui guérissent la maladie quand celle-ci a achevé son cours. Nous avons bien moins besoin de lois que d'ordres donnés par quelqu'un sachant, voulant et pouvant les faire exécuter.

Adoptons, du haut en bas, des chefs responsables, intéressés au succès et munis de pleins pouvoirs dans la limite de leurs attributions, comme cela se passe pour les chefs d'industrie. Et ne faisons pas trop intervenir le « Conseil d'Administration » ! Le vrai contrôle d'une gestion, c'est le succès : à la condition, bien entendu, de laisser à ces chefs le temps suffisant pour agir et de ne pas les arrêter dès la première apparence d'échec. L'esprit de suite est peut-être plus nécessaire encore que l'esprit de clairvoyance ; car la clairvoyance s'acquiert, tandis que les bonnes volontés et même les capacités successivement contradictoires aboutissent toujours à cet état de choses que nous avons eu trop d'occasions de déplorer : « Ordre, contre ordre, désordre ». Nous y reviendrons, car cela en vaut la peine, à l'occasion de la stabilité.

Ce que je propose là est exactement l'opposé de notre Administration actuelle. Occupons-nous donc des fonctionnaires. L'idéal, à mon avis, serait d'en avoir le moins possible et de réduire l'État à son rôle de magistrature et de gendarmerie contre les bandits du dedans et du dehors. Telle n'est pas la tendance moderne et le socialisme tend à faire de la nation un immense fonctionnariat. Endurons ce que nous ne pouvons éviter de ce mal et tâchons au moins de perfectionner ces fonctionnaires, que l'Europe nous envie probablement puisqu'on le dit, mais qui n'en présentent pas moins, avec les plus remarquables qualités individuelles, tous les défauts corporatifs inhérents à leur fonction.

Ces défauts sont de deux sortes. Les uns tiennent à la conception même du fonctionnaire envisagé uniquement comme un agent de contrôle ou même d'espionnage et les autres à la manière dont, en pratique, le fonctionnaire est utilisé, récompensé ou puni.

S'il n'y avait pas de fonctionnaires, aucun industriel ne demanderait probablement qu'on en inventât; mais, puisqu'ils existent, on entrevoit une application utile de leurs capacités en faisant étudier par eux les questions générales que les particuliers n'ont ni le temps ni le moyen d'approfondir et qu'avec l'esprit individualiste français, nos producteurs et fabricants ne réussissent pas toujours à faire examiner par leurs syndicats. Si l'État cessait d'être politique pour devenir économique, il aurait bien des problèmes à résoudre ; et, comme le goût des Français pour les fonctions publiques draine dans ce sens les meilleures capacités intellectuelles, les agents de l'État seraient tout désignés pour remplir un tel office. On les voit très bien dirigeant de grands laboratoires centraux, accomplissant des missions commerciales ou financières à l'étranger, exécutant des campagnes de sondages miniers à profits directs plus que problématiques, traçant des plans d'ensemble indépendants de toute préoccupation électorale pour nos ports, nos canaux, nos chemins de fer, et la plupart d'entre eux seraient heureux d'avoir enfin à agir utilement.

La guerre a amené un progrès réel dans ce sens, manifesté par des organismes nouveaux. Il pourra y avoir intérêt à poursuivre l'expérience... Peut-être même ne sera-t-il pas mauvais que l'État se fasse quelquefois lui-même industriel, à la condition que l'expérience ne soit pas entreprise trop en grand pour devenir ruineuse

et ne porte pas sur des objets de première nécessité dont la disparition nous paralyserait.
Les partisans des saines doctrines économiques
vont lever les bras au ciel ; mais cette partie de
ma proposition n'est pas exempte d'un certain
machiavélisme. Toute entreprise industrielle de
l'État a, en effet, pour résultat inévitable de
fournir un argument excellent à ceux qui veulent
expulser l'État de l'industrie et de rendre les fonctionnaires qui ont eu l'occasion de commettre
des fautes, plus modestes dans le contrôle qu'ils
peuvent être amenés à exercer sur des fautes
semblables. Il est bon qu'il y ait eu des monopoles des poudres et des allumettes, un rachat
des chemins de fer de l'Ouest, comme une mine
aux mineurs et une verrerie ouvrière d'Albi. Si
l'État entreprenait par exemple des recherches
de mines, tous les socialistes de quelque bonne
foi pourraient constater ensuite au chapitre cor-
respondant du budget que les entreprises minières sont rarement un moyen de faire fortune.

C'est là une transformation d'ordre général ;
mais les fonctionnaires ont d'autres défauts qui
tiennent, non plus à la conception de leur fonction, mais à son application. Cela peut se résumer en quelques mots. Les fonctionnaires sont
pratiquement irresponsables ; ils n'ont aucun

intérêt matériel à bien faire ; ils ne pâtissent jamais de mal remplir leur emploi régulier, mais s'exposent à tous les accidents par une initiative ; on ne leur demande qu'un travail insuffisant et on les paye en conséquence ; enfin, tout un système de règlements les paralyse, et des cloisons étanches empêchent les communications les plus indispensables entre eux.

L'irresponsabilité et le défaut de récompense ou de sanction n'existent peut-être pas en théorie, mais sont des faits. Un roman connu a exposé la situation faite à un Ministre qui veut intervenir dans son ministère ; une anecdote classique sur Napoléon III montre l'Empereur n'arrivant pas à faire nommer un juge suppléant. Le mal existe à tous les degrés de la hiérarchie (peut-être plus encore en bas qu'en haut) et ne fait qu'empirer de jour en jour. Un chef de service qui veut obtenir un avancement exceptionnel pour un agent particulièrement méritant, doit montrer pour réussir une persévérance singulière ; et il lui est encore plus impossible de le punir dans les cas les plus graves. Il rédige bien tous les ans des feuilles signalétiques ; mais il causerait un véritable scandale s'il y inscrivait un jugement un peu vif et sortant de l'habituelle banalité. L'application de la doctrine socialiste conduit à généraliser l'avancement à l'ancienneté qui évite toute discussion et toute fatigue cérébrale à ceux dont cet avancement dépend. S'il est fait quelques exceptions au principe, c'est en faveur de protégés politiques, et les dossiers sont encombrés par les recommandations des députés. Ainsi, qu'un fonctionnaire fasse ou ne fasse pas son métier, il suivra presque exactement la même carrière suivant ce que l'on appelle « son tour de bête », à la condition de ne pas trop se faire remarquer par son originalité. Beaucoup de vertu devient nécessaire pour passer outre et l'on ne peut que s'étonner de voir cette vertu relativement aussi répandue.

Le défaut de rémunération est également un mal qui a plus de chances pour s'accroître que pour disparaître. L'esprit démocratique est offusqué par les gros traitements ; et le fait que ces traitements sont comptés à l'année, non au jour, empêche de voir qu'un chef de bureau, un magistrat ou un officier ont souvent un traitement inférieur à celui d'un mécanicien, avec des charges incomparablement plus fortes. Toujours en vertu de la théorie que les hommes sont interchangeables, on ne veut pas payer le prix nécessaire les grands chefs, dont les meilleurs émigrent par suite dans l'industrie privée, et il reste à l'État une honnête moyenne de gens tranquilles qui désirent avant tout le calme, la sécurité et les loisirs.

L'abus des règlements, des barrières et des cloisons étanches est enfin un défaut, propre à toutes les administrations centralisées, qu'accroît le régime parlementaire. Toutes les démocraties sont soupçonneuses et exagèrent une surveillance utile. L'accumulation des paperasses, que ne réussit à enrayer aucune crise du papier, en est la conséquence forcée. Chacun est maintenu dans son compartiment soigneusement clos et ne correspond avec le compartiment voisin que par une interminable série de sas à écluses commençant par remonter à la source pour redescendre sur l'autre versant. La jalousie des services entre eux vient s'y ajouter. On s'ignore entre bureaux d'un même ministère, à plus forte raison d'un ministère à l'autre; ou, si on se connaît, c'est encore pis, car on s'attache à se dissimuler réciproquement les résultats acquis. Tout conseil de directeurs, tout organisme interministériel économisent aisément beaucoup de temps et d'écritures.

Ce serait enfoncer une porte ouverte que de développer ces idées familières à tout le public. M. Lebureau n'est pas populaire. Mais le défaut du public est de voir le mal sans en accepter le remède et de récriminer contre l'Administration en poussant chaque jour à augmenter son rôle, à y arrêter les initiatives, à réduire les gros traitements, à favoriser l'ancienneté. Les pannes de la machine ne proviennent pas de tel ou tel détail de mécanisme, mais du milieu délétère dans lequel la machine évolue. En un pays de suffrage universel et d'opinion publique bavarde, tout le monde est responsable des frottements qui coincent les rouages, et moins encore par des votes un peu illusoires que par l'ambiance morale et intellectuelle dont on enveloppe tous les représentants du pays, depuis le maire de village jusqu'au ministre, depuis l'agent-voyer et le percepteur jusqu'au président de la Cour de Cassation. Il y a là une pression atmosphérique que tous ces élus et ces fonctionnaires emportent partout, à leur insu même, sur leur tête, un air malsain qu'ils ne cessent de respirer. Changeons cette pression si nous le pouvons, ajoutons quelques centièmes d'oxygène pour modifier le milieu ambiant, et tous les hommes ainsi influencés prendront une activité plus grande, sans qu'il ait été besoin pour cela de révoquer personne ni de briser aucun instrument du pouvoir !

# CHAPITRE VI

## Application du réalisme à la politiq ue étrangère

La politique française et le principe des nationalités.
— Confusion entre la libération d'un joug étranger
et la libération d'un régime monarchique. — L'inconvénient des « belles âmes ». — Adaptation de
notre diplomatie à nos intérêts économiques. —
Limitation de la politique en gants blancs.


Les défauts de l'idéalisme dans la politique
étrangère et de ce que j'appellerai la « politique
en gants blancs » apparaissent dans deux catégories de faits distinctes : ceux qui touchent à
la grande politique des alliances et des tracta-
tions lointaines ; ceux qui se rapportent à la pratique courante des négociations pouvant présenter un intérêt industriel ou commercial. Je
ne ferai qu'effleurer le premier sujet, particulièrement délicat à traiter en temps de guerre et
je ne vais en parler d'abord un instant que pour
ses rapports avec le second.

Dans la politique mondiale, la France a adopté et, par la force des choses, a accentué peu à peu un rôle très caractérisé, qui convient à l'esprit français, qui concorde avec les formes les plus fréquentes du gouvernement français et qui, après avoir entraîné pour nous des déceptions momentanées, nous vaut aujourd'hui de justes compensations. Elle est le champion du Droit, de la Justice, des Nationalités opprimées. Depuis la Révolution, cette conception chevaleresque réapparaît de plus en plus fréquemment, malgré ce qu'ont pu lui apporter de contradiction apparente la poussée d'impérialisme napoléonien et le court intermède de Juillet, où une sagesse plus timorée a vite suscité ce cri fameux : « La France s'ennuie. » Pendant tout ce temps, nous nous sommes attachés à libérer les peuples, à la fois du joug étranger et de « leurs tyrans ». C'est ainsi qu'il a pu nous arriver de favoriser ou de permettre le groupement de l'Allemagne, jusque-là si divisée, en un grand bloc aussitôt tourné contre nous, et l'on peut dire que nous appliquons toujours la même thèse en prétendant aujourd'hui républicaniser cette même Allemagne malgré elle. Nous nous sommes passionnés, en des occasions semblables, pour quelques ingrats ; mais parmi ces ingratitudes d'un jour, il en est qui ont fait place à des amitiés scellées sur les champs de bataille et, tout compte fait, nous n'avons pas à nous plaindre d'avoir aimé et aidé les États-Unis, l'Italie, la Grèce, la Roumanie ou la Pologne, quoique nous ayons défendu aussi à leur heure les Bulgares ou les Hongrois.

Remarquons aussitôt que, dans l'énoncé précédent, deux sujets différents se sont trouvés mêlés : le principe des nationalités, le gouvernement populaire. En ce qui concerne le premier, j'aurais vraiment mauvaise grâce à critiquer notre idéalisme, ayant soutenu, il y a une vingtaine d'années, avec quelque vivacité, cette même thèse du Droit dans un cas où elle ne trouvait alors à peu près aucun écho en France. On m'excusera d'être amené ici à me citer moi-même [1]. C'était en 1897, au moment où l'incorrigible Turcophilie de nos gouvernements, contre laquelle je n'ai cessé de lutter du jour où j'ai eu pratiqué les Turcs, laissait écraser la Grèce et où, il faut bien le dire, l'opinion française, représentée par une Presse dans laquelle les intérêts financiers ottomans exerçaient trop d'influence, était loin de protester. Me trou-

---

1. *Chez les Grecs de Turquie*, 1897.

vant alors, comme cela arrive souvent quand on
défend la justice, du côté des vaincus, j'écrivais
ceci en substance : « Il n'y a pas deux morales,
l'une pour les individus, l'autre pour les peuples,
cette dernière ayant pour expression que la
Force prime le Droit. Il n'y en a qu'une. » Et
j'ajoutais : « Il est un principe, qui paraît tout
dominer et qu'aucun Français surtout ne devrait
regarder comme contestable, c'est qu'un peuple
a le droit sacré de choisir sa nationalité et sa
patrie et que toute tentative pour le maintenir
malgré lui, sous un joug étranger, doit soulever
l'indignation des gens de cœur. » Il s'agissait
alors des Grecs de Turquie et des Arméniens ;
mais on voit aussitôt à quel autre pays je pen-
sais. Le problème de l'Alsace-Lorraine m'a toujours paru dominer, dans son intransigeance
absolue, toutes les « combinaisons » pratiques
et, peut-être éclairé par ce que le problème alsa-
cien présentait de cruellement aigu, je lui ai
toujours associé ceux de la Pologne, des nations
opprimées par les Turcs et de l'irrédentisme ita-
lien. Voici un ordre d'idées où je n'ai pas changé
et, si je donne ainsi une preuve du sentimenta-
lisme français, contre lequel ce livre a la prétention de lutter, tant pis ! Il y a quelque chose
de très supérieur à toutes les questions écono-

miques : c'est la liberté de choisir ce signe représentatif de tous les devoirs et de toutes les affinités, de toutes les traditions et de tous les espoirs communs, la Patrie. Le morceau d'étoffe bariolée que l'on appelle un drapeau représente à lui seul plus que tous les avantages et les inté. rêts pour lesquels les hommes peuvent entrer en compétition ; et, s'il faut sacrifier quelque chose, mieux vaut vivre libre et pauvre que dans un esclavage momentanément doré !

Mais, avant de passer à la seconde question totalement différente, celle de la politique intérieure imposée ou suggérée aux peuples étrangers, je tiens à répéter qu'il n'y a aucun rapport entre le droit des nationalités à choisir leur drapeau et le rapprochement, le groupement des petites nationalités en une entité convention-nelle plus ou moins justifiée par l'histoire (où l'on trouve des justifications pour tout). Libérer les nationalités opprimées, oui ; leur donner une cohésion qui peut se retourner contre nous, attendez ; ici la politique reprend ses droits, lais-sez-nous le temps de réfléchir !

Pour choisir un cas particulièrement délicat, aucune notion de justice, si subtile et si délicate qu'on la suppose, ne nous commandait de favo-riser ou de permettre la réunion de cent petites principautés allemandes en un grand pays trop artificiellement homogène pour ne pas s'appuyer sur l'impérialisme. L'agglomération de plusieurs nationalités libres en un bloc complexe est une question de pur empirisme dont la solution n'a rien à voir avec aucun principe sentimental.

Sous cette réserve nécessaire, nous pouvons nous laisser entraîner sans crainte par notre instinct de générosité. Le principe des nationalités ainsi entendu doit même, au lieu de contrarier nos intérêts politiques, leur venir en aide. Car nous possédons cette fortune exceptionnelle que la France constitue la patrie la mieux assise, la plus solidement liée de toutes : une patrie dont aucun élément incorporé par force ne demande à se séparer. Au contraire, chez nos ennemis, l'idée de nationalités peut aisément devenir un ferment de désagrégation utile à cultiver pour nous... Ce que tend à devenir l'émancipation des nationalités, on peut le voir dans ces pays artificiels qui, en réalité, ne sont, pour personne, une patrie : la Russie, l'Autriche-Hongrie, la Turquie. Pour l'Allemagne, le même principe possède, non seulement en Alsace-Lorraine mais aussi en Pologne, dans le Sleswig, etc., une force expansive plus intense encore, parce qu'elle est là directement fondée sur l'oppression, sur l'es-

clavage résultant d'une conquête militaire. Lors
même que ce rôle de la violence est moins visible, la tendance au divorce et à l'union libre se
manifeste aujourd'hui dans tous les ménages, les
associations, les groupements humains. Des in_
dividus aux provinces, puis aux peuples, gagne
la notion qui a remplacé la morale dans le monde
moderne : vivre sa vie. Il en résulte fatalement
que, d'un agrégat ancien, tel ou tel élément trouve
intérêt ou plaisir à se détacher. Agissons alors
comme nous le commande notre intérêt propre ;
aidons à serrer le faisceau resté lâche s'il doit
constituer pour nous une force ; contribuons à
le dénouer si sa force était tournée contre nous.

Le jour où ce faisceau national s'est rompu,
comme cela est arrivé pour la Belgique et la Hol-
lande, pour la Suède et la Norvège et pour d'autres, il n'en résulte pas nécessairement l'hostilité
entre les deux nouveaux voisins. Ceux-ci peuvent
même conserver ou reconstituer un lien utile
sous la forme du fédéralisme. Mais il est rare
que ce fédéralisme devienne une menace pour
les autres peuples : ce qui est le point le plus in-
téressant pour ceux-ci. Très fort dans la défen-
sive (les Suisses l'ont montré maintes fois et les
Américains du Nord le prouvent aujourd'hui), il
est généralement peu disposé à l'offensive et, par

conséquent, garant de la paix. Je vois, dans cette distinction, qui n'est pas de la casuistique mais de la logique, le moyen de soutenir en tout et partout notre idéal supérieur de Justice sans devenir pour cela des dupes dans le domaine des réalités.

Quant au second principe dont nous avons souligné l'indépendance, celui de la forme gouvernementale à développer ou à encourager chez nos voisins ; oh ! ici, je me sépare entièrement des traditions de la Révolution Française. Nous sommes sans cesse partis de cette idée que le droit pour un peuple de se gouverner par des représentants directement élus au suffrage universel était un bien suprême et indubitable, une libération de l'esclavage monarchique assimilable à la libération d'un joug étranger. C'était agir comme l'hôte trop empressé qui, à sa table, vous met de force dans votre assiette du homard à l'américaine et vous contraint à le manger sous prétexte qu'il en raffole, sans se demander si votre goût est pareil au sien et, le goût étant identique, si votre estomac s'y prête... Le choix d'un gouvernement, voilà une chose terriblement relative, subtile, contingente et individuelle ! Nous trouverions fort mauvais si les Allemands, qui viennent de constater les avantages militaires de leur monarchie impérialiste, voulaient nous imposer leur régime. De notre côté, comme nous n'en sommes pas venus, je pense, à voir dans la proclamation de la République un moyen d'annihiler la puissance guerrière d'un peuple, laissons-les donc tranquilles avec cette République dont ils ne veulent pas et dont, étant donné leur caractère, ils ont peut-être parfaitement raison de ne pas vouloir ! Le jour où la République leur conviendra, ils seront toujours maîtres de la prendre. Ne nous exposons pas à ce qu'ils nous disent avec raison : « Mêlez-vous de vos affaires ! » et « S'il me plaît à moi d'être battu !... »

Notre propagande révolutionnaire est d'une naïveté parfois touchante. Elle a commencé par nous aliéner, dans la plupart des pays neutres, les pouvoirs officiels et les partis bourgeois ou conservateurs ; elle a donné une grande valeur à la propagande allemande qui nous représentait comme les fauteurs de l'anarchie dans le monde, elle-même représentant l'ordre et la paix... En Russie même, nous avons aujourd'hui la preuve des inquiétudes que suscitait, dans un gouvernement allié, l'influence réputée pernicieuse des idées françaises. Puis, un beau jour, il arrive une révolution, en Turquie, en Russie ou en Chine, dans les pays asiatiques les moins faits pour supporter l'acclimatation difficile d'une République ; nous l'encourageons ; nous l'acclamons ; nous nous imaginons que, parce qu'un pays s'est mis en République, il appartient aussitôt à une civilisation supérieure qui lui impose de devenir notre ami ; et nous sommes tout surpris de voir les Jeunes-Turcs se déclarer pour l'Allemagne et les Bolchevikis Russes traiter contre nous avec elle. Ce ne sera peut-être pas la dernière de nos surprises si nous ne nous corrigeons pas...

Également en vertu des mêmes principes absolus et chimériques, certains Français sont prêts à adopter les folies des slaves qui protestent contre la « diplomatie secrète », comme s'il pouvait y avoir, dans un monde quelconque, la possibilité de traiter une affaire quelconque, fût-ce la vente d'un magasin ou la location d'une maison, sur la place publique...

Et nous commettons cette autre folie de négliger, de vouloir ignorer et, par conséquent, de tourner contre nous des forces incontestables, parce que la forme n'en concorde pas avec les chimères dominantes chez nous. Le refus de correspondre directement avec le Pape n'a aucun rapport avec l'adoption officielle de la religion catholique ; c'est, d'un point de vue absolument réaliste, l'erreur la plus évidente et la plus lourde que l'on puisse commettre. Je ne comparerai pas le Pape avec le président de la République de Libéria; mais, si nous avons des intérêts à Libéria, nous y avons un représentant et aucun homme de bon sens ne peut contester que nous ayons des intérêts dans le catholicisme.

De toutes façons, pour ces questions de politique étrangère comme pour toutes les autres, nous abusons étrangement des mots. Les mots représentent une force dont il convient de savoir se servir à l'occasion, mais à la condition de ne pas se laisser suggestionner par sa propre phraséologie. Le pire défaut pour un diplomate comme pour un homme d'État est d'afficher uniquement ce qu'on appelle en affaires, avec un léger sourire, « une belle âme ». Il y a, chez nous, quelques « belles âmes » de trop dans tous les partis, et je vais citer deux exemples entre mille des fautes que leur intervention peut amener à commettre.

Ainsi, tous nos malheurs et toutes nos épreuves depuis un demi-siècle sont venus de l'erreur commise en 1866. Quand fut signé par Bismarck le traité de Prague après une guerre où nous avions laissé passer l'heure de la destinée, Napoléon III attacha quelque importance à obtenir l'insertion d'un certain article 5 ainsi conçu : « Les populations des districts du Nord du Slesvig seront de nouveau réunies au Danemarck si elles en expriment le désir par un vote librement émis. » Soixante ans ont passé, l'article est toujours là ; mais l'occasion d'émettre ce libre vœu n'a jamais été donnée. On aurait pu le prévoir... Le traité qui garantissait la neutralité de la Belgique a eu le même sort et, si nous avons été surpris à l'excès en voyant déchirer avec tant de cynisme ce « chiffon de papier », nous avions assurément l'excuse que la décision était grave puisqu'elle pouvait amener l'entrée en guerre de l'Angleterre ; mais nous aurions pu nous douter que, l'Angleterre n'ayant pas d'armée, i'espoir de nous écraser en quelques semaines justifierait aux yeux des Allemands cette audace. Ne disons jamais : « Ils n'oseraient ! » On devrait se souvenir davantage que les traités internationaux fonctionnent seulement en temps de paix, la guerre ayant pour motif ou pour premier effet de les rompre. Supposer que de tels traités empêcheront les guerres futures, c'est tourner dans un cercle vicieux trop évident, puisque les guerres futures se produiront précisément quand quelque Boche (et il y aura toujours des Boches) verra son intérêt à les dé-

chirer, se croira assez fort pour le faire. Autant
vaudrait compter sur le décalogue ou même sur
le code pénal, sans prisons ni échafauds, pour
supprimer le vol et l'assassinat !

C'est le point de vue de l'intérêt bien entendu
(non pas seulement de l'intérêt immédiat), qui
doit dominer toute politique étrangère en s'appuyant sur un scepticisme très averti ; et, comme
il se manifeste de plus en plus que le fond
solide de toutes les relations extérieures et de
toutes les hostilités est, et a toujours été, sauf
quelques cas exceptionnels de folie dynastique
ou populaire, la concordance ou l'opposition
des intérêts économiques, ce côté économique
et terre-à-terre devrait être avant tout envisagé
par nos ambassadeurs et nos consuls. A cet
égard, notre diplomatie, qui possède tant d'autres
remarquables qualités, me semble tout à fait infé-
rieure et ses erreurs trop nombreuses ont fait
ressortir, parfois cruellement, les défauts de ce
que j'appellerai par politesse notre idéalisme.

Chacun sait qu'il nous manque au dehors des
représentants, des protecteurs pour nos entreprises et notre trafic, des directeurs économiques. Nos diplomates, en raison de leur recru-
tement presque exclusivement « mondain »,
partagent jusqu'à la quintessence les préjugés

français anti-réalistes et anti-industriels que j'ai essayé ici de combattre ; et il n'est pas besoin d'avoir beaucoup voyagé à l'étranger pour savoir combien notre commerce et notre influence en ont souffert. Dans un pays quelconque, quand arrive un ambassadeur d'Angleterre, son premier soin est d'y faire la tournée des grandes industries anglaises, de leur témoigner sa sympathie et d'étudier dans quelle mesure il pourra les soutenir. En pareil cas, le représentant de la France croirait se compromettre s'il n'appliquait pas une abstention systématique. Non seulement il ignore tout des affaires industrielles par son éducation et par sa carrière ; mais il penserait déroger s'il s'en informait et je pourrais citer un cas où, le Chef de l'État français venant en visite officielle, on a évité de convoquer à sa réception le chef très honorable de notre plus grosse industrie française dans le pays, une industrie qui constituait à elle seule le quart de tout notre commerce avec le pays en question.

Une autre conséquence plus grave encore est que nos diplomates s'abstiennent de voir un peu familièrement ceux de nos nationaux les mieux renseignés par profession et par intérêt, concentrent leur champ d'informations dans le milieu spécialisé et truqué des ambassades, ne sortent pas d'un petit groupe où ils s'ennuient en pensant à Paris et en préparant leur prochain départ pour Montevideo, Stockholm ou Pékin et arrivent ainsi aux résultats dont nous avons eu en Orient de tristes exemples.

Il y a des observations qui crèvent littéralement les yeux d'un passant et que nos diplomates n'ont jamais faites, ou n'ont pas transmises avec assez d'insistance pour les imposer à Paris. Combien il eût été facile par exemple de reconnaître ce qu'était réellement la Turquie si on ne s'était pas laissé berner par quelques jeunes ou vieux Turcs de Constantinople à éducation pseudo-française et à vernis pseudo-civilisé ! En parcourant pendant trois semaines la province turque, on aurait vu quelle barbarie, quelle corruption se dissimulaient à peine sous ce décor sommairement européanisé ou artistement oriental, comme la pourriture des bois vermoulus sous les tapis de mosquée et les portières de Caramanie ; on se serait aperçu d'une germanisation évidente qui associait trop naturellement les massacreurs d'Arméniens avec les futurs massacreurs de Belges ; on ne serait pas tombé dans l'enfantillage de croire que les Jeunes-Turcs représentaient le progrès parce qu'ils employaient des formules républicaines pour nous soutirer de l'argent. Si, en Russie, on avait sondé de plus près l'âme des bureaucrates à origine souvent allemande, dont toute entreprise rencontrait la glu tenace, si on avait un peu plus causé dans leur langue avec les ouvriers et les paysans, on aurait compris que la Russie était une autre Turquie, compliquée par l'incapacité mystique d'obéir au bon sens que constitue le slavisme ; on aurait alors conduit l'alliance russe avec moins d'illusions : d'abord sur l'omnipotence du tzarisme et sur le « rouleau écraseur », puis sur la vertu vivifiante de l'esprit révolutionnaire... Ce ne sont pas les seuls cas où on aurait dû se rappeler qu'en politique, il faut tout écouter, tout croire possible et ne rien estimer certain.

Les commerçants qui pratiquaient ces deux pays, pris comme exemples entre bien d'autres, auraient pu donner à nos ambassades et à nos consulats des renseignements utiles. Mais, ne l'oublions pas, pour notre diplomatie, plus encore que pour le reste de notre fonctionnarisme, l'industriel est l'ennemi (je laisse naturellement de côté, pour être bref, de remarquables exceptions). Si la France veut vivre, ce qui exige impérieusement le développement intensif de sa production et, par conséquent, de ses exporta-

tions, il faut, avant tout, que cette mentalité soit
modifiée de fond en comble. Il faut que même
un Ambassadeur ne rougisse pas de se laisser
renseigner sur un prix de revient et d'en tenir un
juste compte dans ses négociations. Comme ce
n'est pas son métier de travailler les questions
industrielles, il faut qu'il soit doublé d'un agent
économique, qui ne soit pas un petit sous-ordre
sans crédit et sans crédits, mais qui ait à peu
près le même rang. Et il faut que l'ensemble des
Français ne crie pas aussitôt à la corruption, ne
dise pas qu'on va sacrifier le sang de nos fils
pour quelques marchands de fer, parce qu'on
aura soutenu avec l'énergie nécessaire les intérêts de nos exportateurs. On peut économiser
beaucoup de sang français en développant avec
intensité des industries mécaniques ou chimiques, qui, du jour au lendemain, deviennent des
industries de guerre. Si on n'avait pas laissé
écraser nos constructeurs de magnétos par une
concurrence allemande, des pannes d'avions incessantes ne nous auraient pas plus tard tué
nos fils.

Et ce n'est pas seulement avec les commerçants que la diplomatie doit se commettre. J'irai
beaucoup plus loin dans l'abandon des préjugés
aristocratiques et, au risque de choquer quelques

lecteurs, je lui demanderai de descendre jusque dans les bas-fonds des pays étrangers sans crainte de salir sa robe d'hermine. Dans cette voie aussi, les Allemands viennent de nous donner une leçon sévère, dont il sera bon de tenir compte, sans tomber à leur image dans des excès de réalisme que nous pouvons leur abandonner.

A l'inverse de nous qui appliquons la politesse sur les champs de bataille et qui ne voulons voir que les bons côtés des hommes, ils n'ont, eux, spéculé que sur les mauvais : la corruption, la peur, l'anarchisme, le goût du pillage et du désordre. Qu'ils aient ainsi commis des fautes graves d'appréciation, c'est incontestable et la répulsion progressive qu'ils ont inspirée leur a aliéné successivement l'Angleterre, l'Italie, la Roumanie, les États-Unis. Néanmoins, contre la réprobation, la haine, l'hostilité de presque le monde entier, ils ont réussi à tenir. Pourquoi ? C'est d'abord évidemment parce qu'il ont eu une direction unique et sachant ce qu'elle voulait et n'hésitant pas à employer tous les moyens pour y réussir, tandis que, de notre côté, on flottait sans cesse dans le désordre des opinions contradictoires, les bras liés par les économies démocratiques (économies d'argent,

économies d'hommes) : c'est parce qu'il a manqué dans notre camp une énergie pour imposer
au moment opportun les sacrifices nécessaires.
Mais n'attribuons pas tous les succès allemands
à l'impérialisme ; il y a une autre cause ; c'est
qu'ils ont travaillé dans le concret, alors que
nous volions dans les champs azurés de l'abstraction. Leur politique a été toujours et résolument réaliste. Ils ont déchiré tous les chiffons
de papier qui les gênaient : ce qui ne les empêchera pas, on l'oublie trop en France, ou en
Angleterre, ou même aux Etats-Unis, de trouver
des Russes pour en signer d'autres... Il y a, dans
tous les pays, des politiciens à vendre ; ils ont
mis le prix nécessaire pour les acheter... Il
existe partout des mécontents, surtout après des
années de guerre qui entraînent tant de misères ;
ils ont excité et groupé tous les mécontentements ; ils ont pris en mains tous les éléments
de désordre et, finalement, s'ils n'ont pas réussi
complètement à leur gré en Irlande, en Algérie,
au Cap, dans l'Inde, en Chine, au Mexique, ils
ont obtenu les résultats que l'on sait en Russie,
en Italie, au Portugal, en Suisse, en Espagne...
Tant qu'ils ont espéré la victoire, ils ont pro-
clamé et tenté de prouver qu'ils étaient la Force,
parce qu'ils savaient que la Force en impose tou-

jours aux hommes. Le jour où il s'est agi seulement d'éviter la défaite, ils ont, sans crainte de
se contredire et sachant combien les peuples ont
la mémoire courte, déclaré qu'ils étaient la Paix,
parce que le mot de Paix représente, pour tous les
combattants des deux mondes, une espérance
magique... Pendant ce temps, nous nous con-
tentions de répéter à tous les échos que nous
sommes le Droit. C'est entendu ; mais l'allégorie
du Droit n'a rien de séduisant, et Hercule est
passé demi-dieu, à titre d'avancement exceptionnel, le jour où, ayant rencontré sur son chemin
la vertu et la volupté, il suivit la vertu qui lui
sembla plus belle ; l'Antiquité avait même trouvé
cette décision si surprenante qu'elle a générale-
lement représenté Hercule comme un jobard...

# CHAPITRE VII

## Les notions de stabilité et de discipline

La stabilité dans les lois et la manie des réformes. —
Abus de l'esprit critique. — Nécessité de la discipline. — Comparaison des caractères allemand et
français. — Adaptation de l'esprit public. — Influence de la stabilité sur la repopulation. — La
discipline dans la bataille industrielle.


En commençant ce travail, j'ai proposé d'inscrire sur les monuments et de répandre dans
les esprits trois principes essentiels, mis alors
sur le même plan : sens pratique, stabilité, discipline. La première notion nous a occupés seule
jusqu'ici, tandis que les deux autres vont être
traitées rapidement en quelques pages. Cette
disproportion est volontaire. Si importants, si
indispensables que doivent paraître les deux
principes dont il nous reste à parler, ils ne sont
néanmoins que les corollaires nécessaires et les
applications du premier. Un pays où le sens pra-

tique serait suffisamment développé comprendrait, par ce fait seul, qu'il doit adopter un régime stable et s'y soumettre. Nous en sommes très loin et, ici encore, on va voir que notre idéologie doit être considérée comme un des principaux coupables. Le désir de réaliser l'impossible et la conviction que cet impossible est réalisable font que nous critiquons sans cesse et changeons à toute occasion le régime approximatif dont nous aurions intérêt à nous contenter.

La STABILITÉ, par laquelle je commence, est peut-être le bienfait dont nous aurions le plus besoin et celui que nous avons le moins de chances d'obtenir, si la mentalité n'est pas rudement rectifiée par l'expérience. Il est vrai que, depuis un demi-siècle, notre instabilité chronique est un peu localisée ; mais, pour avoir cessé de s'appliquer au nom du régime gouvernemental, elle n'en persiste pas moins dans toutes les applications du système. On cherche des palliatifs à nos maux ; on se demande pourquoi notre pays, qui, dès que l'occasion se présente, témoigne de si merveilleuses qualités pour l'action, n'utilise pas mieux, en temps normal, ses qualités morales et ses richesses naturelles. Cela tient, en grande partie, à ce que, depuis longtemps, les hommes prévoyants s'y sont

déshabitués de compter sur l'avenir : à ce que
la très grande majorité des électeurs n'éprouve
aucun besoin de continuité ni de permanence et
est, au contraire, dominée par l'absurde préjugé
d'un continuel « progrès » vers l'accomplissement d'une perfection mystique. La qualité essentielle d'une loi, comme de toute convention humaine, est de durer. Il faut, disait Montaigne
« planter une cheville à notre roue, et l'arrêter
en ce point... Il y a grand doute s'il se peut
trouver si évident profit au changement d'une
loi reçue, telle qu'elle soit, qu'il y a du mal à
la remuer... Les lois doivent se maintenir en
crédit, non parce qu'elles sont justes mais parce
qu'elles sont lois ». Considérons-les comme les
articles d'un traité de paix, qui marque l'établissement   une frontière. Tant que la frontière est
immuable et clairement manifestée par des
bornes intangibles, les peuples hostiles qui sub-
sistent des deux côtés de cette limite fictive,
peuvent l'un et l'autre prospérer. Le jour où l'on
prétend la rectifier « plus rationnellement », on
arrive vite à se battre. L'erreur de notre romantisme, incapable de se soumettre aux faits tels
qu'ils sont, est de prétendre que la loi exprime
religieusement l'équité absolue et de vouloir
la rectifier immédiatement dès qu'on croit y

apercevoir un défaut. Nous avons trop de réformateurs à prétentions opposées. La conséquence nécessaire est un état latent de guerre civile. On raisonne toujours dans l'hypothèse théorique de la fraternité universelle ; on ferait mieux de se rappeler l'antique devise : *homo homini lupus.* Combien semble préférable le vieux système anglais qui n'abolissait jamais une loi et se contentait de lui superposer avec prudence des dispositions complémentaires ! Combien il paraîtrait plus rationnel de subordonner du moins la promulgation d'une loi nouvelle à une série de votes successifs et très espacés ! Ce n'est pas ainsi que nous l'entendons et nous sommes tous fébrilement pressés de voir aboutir les réformes qui ont pu se présenter à notre esprit. Un malheur de la France est d'être un pays où il n'y a plus de légiférés, mais seulement des législateurs. Des milliers de logiciens populaires sont perpétuellement occupés à improviser quelque perfectionnement de nos lois. A force de perfectionnements on tombe dans l'état d'anarchie actuel. Vouloir contenter tout le monde est le plus sûr moyen de ne satisfaire personne. J'ajoute sans insister que la jalousie et la suspicion, auxquelles l'égalité sert de prétexte, contribuent à accentuer peu à peu ces « progrès » dans le sens de l'hostilité au capital : par conséquent à l'industrie.

Aucun industriel sérieux ne me contredira, je crois, si je dis qu'une médiocre loi durable et strictement appliquée est préférable à une succession de lois changeantes, toutes bien intentionnées. L'industrie est impossible dans ces conditions ; ou du moins elle est grevée d'amortissements formidables parce qu'ils doivent être réalisés dans le court intervalle de répit entre la promulgation de deux lois contradictoires. Des dizaines de commissions plus ou moins grandioses cherchent en ce moment le moyen de régénérer notre industrie après la guerre au moyen de lois meilleures. On arriverait automatiquement à un résultat beaucoup plus sûr si, après avoir pris les mesures les plus indispensables pour s'adapter à un état de choses nouveau, on s'engageait à ne plus faire aucune espèce de loi pendant dix ans. Nos initiatives industrielles sont beaucoup trop restreintes ; mais, telles qu'elles sont, on serait bien souvent tenté d'en admirer la hardiesse téméraire devant un tel chaos si notre scepticisme ne se rappelait à temps, pour beaucoup d'entre elles, ce vieux dicton que « les affaires sont l'argent des autres ». Comment peut-on hasarder des dizaines de millions dans une entreprise de mine quand la natio nalisation des mines est à la merci d'un vote parlementaire ? Comment peut-on faire construire une maison quand il est sérieusement question de réquisitionner les logements en appliquant au prix des loyers un maximum ? Comment peut-on organiser une usine de munitions sur la vaine promesse d'un ministre, quand le ministre du lendemain prélèvera peut-être rétrospectivement 100 °/₀ sur les bénéfices ? Il faut alors, comme les Juifs persécutés du moyen âge, se rattraper de to .s ces risques par une usure formidable. La France devient une Turquie ou une Russie. Et c'est là un inconvénient évident d'un système fondé sur l'arbitraire administratif, c'est qu'il suscite l'état d'esprit dont le Juif est le symbole; c'est qu'il n'arrête pas les « malins », pour lesquels le réseau des lois les plus terribles laisse toujours des brèches accessibles, ne fût-ce que par le backschich. Avec une législation à la fois sectaire et flottante, draconienne dans ses prescriptions générales, indéterminée dans ses applications, les portes sont largement ouvertes au favoritisme local, aux privilèges, aux connivences, aux échanges de faveurs, aux corruptions. Il reste assez de place pour les affaires véreuses. Mais quels calculs un industriel sérieux peut-il établir si le régime douanier, les impôts, le prix de la main-d'œuvre sont variables législativement d'heure en heure?

Voici, pour préciser ma pensée, un cas qui est d'hier. On sait que, depuis plusieurs années, les ministres successifs reculent devant la responsabilité qu'ils pourraient encourir en instituant des concessions de mines nouvelles conformément à la loi existante. On préfère promettre aux socialistes une révision de cette loi dans le sens de leurs vœux et, en attendant, nos gisements de houille, découverts depuis plusieurs années, restent inutilisés, à une heure où nous avons un besoin tellement vital de combustibles et où nos ennemis ont su développer si merveilleusement leurs exploitations. C'est dans ces conditions que, le 11 janvier 1918, le ministre de l'Armement a déposé un projet de loi portant modification de la loi du 21 avril 1810 sur les Mines et y a introduit des dispositions suffisamment imbues de collectivisme pour pouvoir espérer une majorité à la Chambre. Cette loi, qui limite la durée des concessions à instituer dans l'avenir, me paraît, je n'hésite pas à le dire, détestable, non pour les Sociétés minières qui, dans le délai proposé d'un siècle, auront généralement le temps d'épuiser les meilleures parties du gîte (après quoi viendra le déluge), mais pour la richesse publique qui va se trouver irrémédiablement gaspillée. C'est du fâcheux américanisme. Néanmoins, cette loi a été acceptée, si je ne me trompe, par les inté‑ressés avec une résignation docile, parce qu'elle se propose au moins de substituer un état légal connu et des possibilités d'exploitation à peu près définies à un néant indéfiniment prolongé. Les exploitants nouveaux pourraient presque la trouver acceptable si, au moment même où l'on établit un régime, où l'on signe un traité de paix, un contrat, certain paragraphe insidieux ne laissait prévoir que ce contrat cessera d'en‑gager l'État le jour où cela plaira à celui‑ci. N'y est‑il pas question d'instituer sur toutes les mines un impôt spécial de participation, dans lequel on veut bien admettre que le taux des nouveaux cahiers des charges sera englobé sans double emploi, mais dont, bien entendu, on ne fixe pas le maximum : en sorte que, pratique‑ment, le taux prévu par le contrat peut être élevé demain d'une façon illimitée ! Voilà donc l'État prétendant une fois de plus, comme le jour où il a voulu s'arroger le droit d'imposer sa propre rente, que les actes signés par lui sont unilaté‑raux, et engagent seulement les autres ! On croi‑rait entendre un ministre boche proclamant son droit à violer la neutralité de la Belgique !...

L'instabilité confinant à la mauvaise foi dont je me plains ici s'accroît du fait que, trop souvent, on commence par voter des lois, promulguer des décrets ou prendre des arrêtés, pour y réfléchir ensuite et parfois être forcé de revenir en arrière (on est tellement pressé de faire mieux que ses devanciers !). Il en résulte que nous vivons légalement dans un état de perpétuel devenir, d'écoulement ininterrompu, de flux, d' « évolution créatrice », qui peut convenir à une doctrine philosophique pour exprimer par des contours imprécis notre état de connaissance, mais qui ne laisse pas d'être gênant quand il s'agit de foncer un puits de mine par congélation ou d'installer une ‹ entrale électrique.

J'ai sans doute l'air, en écrivant ceci, de restreindre ma critique à un régime déterminé ou à un ministre ; ce n'est aucunement ma pensée ; car je crois que, dans les fautes commises, dans le manque d'équilibre qu'entraîne fatalement un tel déplacement journalier des points d'appui, nous sommes tous responsables, nous et nos aïeux qui nous ont faits ce que nous sommes. Le défaut dont je me plains n'est pas d'hier. Lisez le passage suivant et dites dans quel temps, sous quel régime il a été écrit : « ... Il raisonnait comme un Anglais et ignorait combien est contraire au commerce et à ces sortes d'établissements la légèreté de la nation (française), son inexpérience, l'avidité de s'enrichir tout d'un coup, les inconvénients d'un gouvernement despotique, qui met la main sur tout, qui n'a que peu ou point de suite et où ce que fait un ministre est toujours détruit et changé par ses successeurs. » Ne croirait-on pas entendre la suite des lamentations précédentes ? Or celles-ci sont vieilles de deux siècles et ont été inspirées à Saint-Simon, au sortir du règne de Louis XIV, par la colonisation de Law au Mississipi. Le Français est malheureusement changeant par nature et les inconvénients de sa légèreté n'ont fait qu'augmenter depuis que, commandant par lui-même, il renverse ses ministres tous les six mois, au lieu de les garder vingt à vingt-cinq ans comme Colbert ou Louvois.

Si on jongle ainsi avec les portefeuilles, si on improvise des lois, si on donne un jour un ordre révoqué le lendemain, c'est toujours pour nous plaire, c'est parce qu'on sait que nous le désirons ; et l'erreur de nos chefs est seulement comparable à celle d'un ministre qui, ayant la garde d'un enfant-roi, d'un petit Souverain tel qu'étaient à leur avènement Louis XIV ou Louis XV, se serait plié à tous leurs caprices.

Cela tient peut-être à ce que les ministres choisis ici par le despote populaire ont, pour la raison, à peu près le même âge que lui, et, quand ils seraient d'une raison plus mûre, à ce qu'ils ont été élus avec le mandat impératif de lui obéir. Nos fabricants de lois à la grosse ne sont que les représentants d'un état d'âme général, les automates chargés de le satisfaire, et la trombe de ces lois changeantes ne s'abat sur nos têtes que par la complicité universelle. C'est nous qui soufflons le vent par nos critiques incessantes, par nos critiques « trop françaises ». Nous ne pouvons nous en prendre qu'à nous si nous récoltons la tempête et si la manie parlementaire de légiférer à tort et à travers vient compliquer encore des calculs d'amortissement qui grèvent déjà, dans les proportions que l'on sait, par le fait seul de transformations techniques, les prix de revient !

De même pour les hommes d'État que nous usons avec une rapidité effroyable, parce que nous leur demandons trop, parce que nous en espérons trop. Si nous ne les considérions pas comme des dieux tant qu'ils sont dans l'opposition, nous ne serions pas aussi vite déçus quand ils arrivent au pouvoir. Une fois renversés, ils retrouvent bientôt une partie de leurs vertus ;

et, comme le choix s'effectue dans un personnel
restreint, au bout de quelque temps on reprend
les plus discrédités, les plus compromis par des
médisances à peine assoupies. Mieux eût alors
valu s'épargner un double changement !

Ces remarques sont d'une importance toute
spéciale dans la phase où nous allons entrer.
Tout le monde a compris, à la lumière de la
guerre, que la France devait s'outiller en vue
d'une production intensive, et les pouvoirs publics semblent, pour le moment, très disposés à
favoriser cet essor. Nous savons, nous avons vu
quels résultats prodigieux avait atteints l'industrie allemande par la protection efficace et constante de son gouvernement. Sans adopter toutes
les méthodes commerciales de nos voisins, dont
les unes étaient périlleuses et les autres répu-
gnantes pour notre probité, nous serons néanmoins amenés à engager des capitaux considé-
rables dans des affaires qui ne pourront vivre
que par la multiplication en grand nombre d'un
bénéfice très faible pour chaque pièce. Il nous
faut, je l'ai dit, de grosses usines fabriquant
en série des types uniformes, obtenus à très bon
marché. La constitution de telles affaires, qui
intéresse la vitalité de tout le pays, exige une
confiance absolue dans les engagements pris à

un moment donné par le gouvernement sous la
forme de lois, de mesures douanières ou de con-
trats. Mais qui assurera cette stabilité si les
ministres continuent à défiler dans un caléidos-
cope constant, chacun d'eux ayant pour premier soin de paraître faire du nouveau pour démontrer son existence et pour motiver quelques
jours les cris d'admiration de ses thuriféraires?

On voit dans quel sens il conviendrait ici de
réformer notre caractère national. Nous apercevons trop aisément le point faible d'un système
ou d'un homme, nous sommes trop disposés à
le mettre en relief. Nous sommes atteints d'une
automobilite mentale qui nous pousse à remuer
sans cesse pour être mieux, comme un fiévreux
dans son lit. Assurément, nous n'avons pas le
monopole des découragements dans la mauvaise
fortune, et nous ne sommes pas les seuls qui
nous lassions vite d'entendre appeler Aristide le
Juste. Il nous est même arrivé, pendant la
guerre, de donner quelques exemples remarquables et inattendus de constance dans l'adver-
sité. Néanmoins, quels que soient les progrès
de notre éducation publique, nous aurions besoin de faire passer dans notre subconscient
l'instinct d'un bel entêtement à la manière an-
glaise. Il serait bon de nous assimiler une phi-

losophie assez solide et assez réaliste pour admettre sans étonnement certains désappointements dans nos projets, certaines fissures dans le marbre de nos grands hommes, certaines approximations successives dans nos calculs d'intégrales. Quand notre machine a une panne, avant de la jeter au rancart, commençons par vérifier modestement nos courants électriques et par graisser nos rouages. Si notre route présente des ornières, avant de passer dans le champ voisin, jetons dans les trous quelques pelletées de cailloux. Tâchons d'arriver une bonne fois à savoir ce que nous voulons et à le vouloir avec continuité !

Cela nous serait beaucoup plus facile si nous ne commettions pas à chaque instant le péché d'orgueil qui fut celui de Satan, si nous acceptions avec docilité une direction et une DISCIPLINE. C'est là une qualité qui nous manque souvent, sinon dans les grandes occasions, du moins dans la pratique habituelle, tandis que, il faut le reconnaître, elle existe à un degré extrême chez nos ennemis. Tous les peuples ont une mentalité d'enfants ; mais le peuple allemand, pris en masse, est un enfant bien sage dont le premier mouvement est de suivre ses chefs ou ses guides avec une confiance inébranlable ; c'est le « fort en thème », la « bonne bûche » de nos classes, pour lequel l'obéissance est moins l'accomplissement d'un devoir qu'un acte spontané et instinctif (ce qui ne l'empêchera pas de tout briser comme une brute à l'occasion). Le Français, qui, dès l'école, a une tendance à dédaigner les « forts en thème », représente l'enfant capricieux, imaginatif et volontaire, dont on peut tirer beaucoup à la condition de savoir le prendre et qui souvent rendra davantage une fois livré à lui-même dans la vie, mais qui n'obéit que quand il le veut bien, quand on le persuade, qui s'applique seulement aux devoirs quand ils lui plaisent, qui refuse de se laisser mcdeler comme une pâte plastique. Le premier a le tempérament du mouton, le second celui de la chèvre.

Nous avons un besoin tout particulier de savoir nous imposer une discipline ; car, cela ressort en toute occasion, notre instinct, notre atavisme, notre éducation, notre esprit critique toujours en éveil ne nous préparent pas à obéir. Notre premier mouvement à presque tous n'est pas de nous incliner devant un supérieur ou un directeur quelconques, de nous soumettre à leurs ordres, de prendre le chemin qu'ils nous montrent ou de faire le geste qu'ils nous prescrivent ; il est de nous révolter. Et je ne dis pas que la popularité romanesque du contrebandier soit en aucune façon justifiée ; mais, pratiquement, il est certain que, dans une lutte entre un manifestant et un sergent de ville, la foule française sera toujours tentée de prendre parti pour le manifestant. Quand on ne se hâte pas de condamner cet esprit frondeur, on s'aperçoit que l'une de ses origines (je ne dis pas la seule) est un sentiment très noble et très français d'idéalisme théorique, la défense du faible. L'agent de l'autorité a derrière lui et pour lui toutes les forces organisées, il est trop sûr de triompher contre un homme seul, il n'a pas besoin de nous ; notre sympathie va au vaincu. En pareil cas et exactement pour les mêmes raisons, la sympathie d'un Allemand irait au représentant de la Force, au vainqueur. Il y a souvent, je l'ai dit, un peu de théâtre et de roman dans notre attitude.

Cette question de la discipline est très grosse et comporte beaucoup de nuances ; car l'organisation disciplinée est le contraire de l'individualisme, comme l'autorité de l'indépendance et, quoiqu'il soit de mode aujourd'hui de condamner l'individualisme, avec ses expressions romantiques dont je viens de citer un exemple fâcheux, le Français brille avant tout par ses qualités individuelles qu'il serait regrettable d'annihiler. Ne craignons pas ce péril ; c'est un des cas où s'applique surtout la remarque faite au début de ce livre sur la persistance presque indélébile d'un tempérament national. Jamais on ne réalisera, avec des Français, la barbarie disciplinée de soldats allemands commettant par ordre, méthodiquement et sans remords, les crimes de droit commun les plus épouvantables. Mais, sans manœuvrer ainsi à la Prussienne, on peut néanmoins admettre une règle rigide ; on n'aliène pas son libre arbitre parce qu'on juge utile d'obéir. C'est ce que nos armées ont montré pendant la guerre, puisque, avec des apparences fréquentes de familiarité ou d'irrespect, parfois choquantes pour un spectateur étranger, elles ont néanmoins pratiqué une discipline réelle, souvent moins subie que consentie. Suivant le mot de Raffet, nos poilus ont grogné : mais « ils marchaient toujours » ! L'expérience du feu montre vite, en effet, à des hommes intelligents que lorsqu'un corps cesse d'être conduit et d'obéir aveuglément à une impulsion générale, lorsqu'il tombe dans le régime des Soviets, il devient un troupeau et se laisse égorger comme un troupeau. Reste à généraliser une soumission trop accidentelle et sur laquelle un chef ne peut pas assez sûrement compter.

Cette obéissance différera toujours de l'esclavage allemand, par le fait qu'elle sera « une servitude volontaire » : elle en prendra plus de mérite et plus de valeur. Un organisme, dans lequel toutes les parties savent ce qu'elles font et pourquoi elles le font, n'est pas exposé à s'arrêter soudain d'un bloc, comme un assemblage de bielles inertes.

Mais, pour que le Français, étant et restant ce qu'il est, arrive ainsi à se discipliner, un premier progrès nécessaire est que la transformation de l'esprit public l'amène d'abord à mettre son souci habituel d'élégance et de bon ton dans cette discipline, au lieu de le mettre dans la révolte, qu'une telle soumission devienne distinguée, qu'elle entre dans le sang, dans les mœurs et dans l'instinct.

Et, pour que l'obéissance soit poussée à l'occasion, comme la nécessité peut le commander, jusqu'aux sacrifices les plus extrêmes, jusqu'à la mort, il est, en outre, indispensable que l'esclave volontaire ait, dans celui qui commande, une confiance absolue et anciennement enracinée. Pour qu'il immole en pleine conscience son intérêt particulier du moment à un système, à une méthode, à une règle, au commandement d'un homme ; pour qu'il accepte de suivre son guide à travers les tirs de barrage des mitrailleuses, pour qu'il lui pardonne même des fautes et des erreurs inévitables, il faut qu'il ait vu depuis longtemps à l'œuvre système, méthode, règle ou chef, qu'il ait eu l'occasion de les apprécier et, après les avoir jugés, qu'il se soumette maintenant à eux aveuglément, *sicut cadaver*. Nous sommes ainsi ramenés à la notion de stabilité. La foi, pour rester vivifiante, ne saurait changer à toute heure d'objet.

Je pense, en ce moment, au problème qui nous occupe surtout ici et pour lequel de si grands mots pourront sembler excessifs, au problème économique ; mais je pense aussi à d'autres problèmes familiaux, étroitement liés à la prospérité du pays, pour lesquels ils étonneront moins, comme celui de la repopulation. La France a besoin d'hommes ; la famille a besoin d'être nombreuse, stable et disciplinée. L'individualisme se trouve ici en conflit avec l'intérêt de la famille, de la nation, de tous les groupements sociaux. Le romantisme, qui prêche l'union libre ou le célibat, conduit à la stérilité. Jamais Chatterton ni Hernani ni Lelia n'auront un ménage et n'élèveront des marmots. La communauté peut et doit essayer de payer les enfants dont elle a besoin en accordant de gros dégrèvements d'impôts aux familles nombreuses. Mais ces dégrèvements ne pourront être qu'insignifiants à côté des charges, des soucis, des risques entraînés par la constitution d'une famille. Notre race s'éteindra peu à peu si elle ne trouve pas, dans une discipline volontaire fondée sur la stabilité et sur la foi, des éléments de renouveau.

Il en est de même pour la bataille industrielle, par laquelle se continuera la bataille militaire, qui déjà se réduit de plus en plus à une lutte entre deux industries. Dans les concurrences très serrées que verra l'après-guerre, nos industriels, nos commerçants ne pourront plus, comme jadis, combattre victorieusement en francs-tireurs dispersés ; la nécessité leur imposera, sous peine de mort, un certain enrégimentement. Qu'il s'agisse d'établir des types uniformes de produits ou de machines, que l'on veuille conquérir un marché étranger, que l'on se préoccupe du régime fiscal ou législatif en France même, des ententes syndicales de patrons seront de plus en plus nécessaires, avec ou sans intervention de l'État. L'intérêt général, qui n'est pas l'addition mais la résultante des intérêts particuliers, impliquera des groupements, des fusions, des spécialisations, des disparitions. Et, plus on peut prévoir que la résistance sera vive par suite de vieilles habitudes, plus ceux qui ne sont en aucune manière mêlés personnellement à la question, qui n'y ont aucun intérêt engagé et qui peuvent voir, par suite, sans verre de couleur interposé, l'intérêt de tous, doivent agir pour amener la suppression docile et disciplinée de cachotteries mesquines, de concurrences sans but... Pourquoi, quand deux ou trois usines sont particulièrement bien placées pour réaliser tel produit à meilleur compte, maintenir artificiellement ailleurs des usines concurrentes, dont les forces pourraient être appliquées à un autre produit, qui n'est pas à sa place dans les premières ? Pourquoi vouloir, dans de petites usines, entreprendre des fabrications qui comportent un travail intensif par grosses séries, alors que ces petites usines sont, au contraire, tout indiquées pour les produits isolés en nombre restreint, les spécialités coûteuses demandant beaucoup de fini, ou les réparations ? Pourquoi, inversement, telle grosse affaire prétendrait-elle se lancer dans toutes les directions en prenant des allures de ministère et en arrivant par suite au gaspillage d'une organisation d'État ?...

On aperçoit aussitôt beaucoup de problèmes semblables, pour lesquels une entente préalable, amenant contre les récalcitrants des mesures de pression coercitives, rendrait à tous de vrais services.

Mais le groupement et la spécialisation des usines ne sont pas les seuls cas où la guerre ait contribué à nous enseigner la valeur de cette « organisation » qu'il ne faudrait pas considérer comme une qualité allemande parce que les Allemands en ont abusé, alors qu'elle est essentiellement une méthode latine, romaine, dont nous avons fini par nous dégoûter pour avoir été trop longtemps soumis au régime des Colbert et des Napoléon. Il n'est guère de pays qui ait été organisé plus savamment que la France pour recevoir tout entier une impulsion venue du centre. Et, si cette grande machine a passablement d'engrenages rouillés, si elle grince et se grippe trop souvent, c'est surtout parce que l'impulsion centrale est devenue chaotique en devenant électorale, de manière que l'un après l'autre les organes refusent de s'y soumettre. On aura beau chercher justement à décongestionner les organes de commandement, on ne changera pas plus tout notre réseau de chemins de fer convergent vers Paris que nos vieilles habitudes administratives. La France est un pays construit et façonné dans toutes ses parties pour être fortement gouverné. Il n'y a pas si longtemps qu'un ministre de l'Instruction publique se félicitait en pensant à tous les écoliers de France exécutant à la même heure ensemble la même dictée ou le même thème. L'un de nos défauts politiques est d'avoir gardé cette machinerie autocratique en remplaçant le mécanicien unique à volonté ferme par un club de mécaniciens changeants, désordonnés, fantasques et parfois alcooliques.

Nous avons, dans un chapitre précédent, renvoyé l'Etat « chez lui » avec quelques bourrades ; nous nous sommes efforcés de réduire son rôle en étendue ; mais il n'y aura aucune contradiction à lui attribuer plus de force en profondeur, là où nous jugerons son intervention nécessaire pour la défense militaire ou économique du pays. Nous demandons qu'il commande le plus rarement possible, mais qu'il commande alors efficacement, en visant un but précis et en se faisant obéir. Dans ces conditions, la machine gouvernementale reste toute prête à reprendre sa belle marche classique. Si le pouvoir central nous donnait l'exemple de la stabilité et de la volonté continue que je préconisais plus haut — et il le ferait si nous lui en exprimions vigoureusement et sincèrement le désir —, nous redeviendrions vite le peuple le plus facile à gouverner, le plus discipliné de la terre, à la condition de satisfaire notre esprit critique avec des chansons, ou notre mauvaise humeur avec des bougonnements. Le problème moral le plus difficile à réaliser n'est peut-être pas tant d'accepter l'organisation que d'y croire assez pour faire passer un souffle de foi sur ceux qui auront mission de nous organiser...

# CHAPITRE VIII

## La volonté d'agir et la foi

Les mauvaises raisons de ne pas agir. — L'appui officiel et privé aux hommes d'action. — L'agitation
n'est pas l'action. — Le royaume des mots. — La
force agissante de la foi.


Nous laissons ici le réalisme, au moins comme
mobile direct, pour aborder des qualités plus
hautes et dont l'éloge nous sera facile. Mais,
dira-t-on en lisant le titre de ce chapitre, est-il
bien nécessaire, après tant d'autres, de consacrer un certain nombre de mots et de phrases
probablement peu efficaces au devoir de remplacer les phrases et les mots par des actes ?
Un sermon de plus substituera-t-il au fatalisme
sceptique, qui regarde couler ironiquement le
flux des choses et des êtres, des énergies con-
scientes de leur pouvoir sur la destinée ? Ces
pages ne vont-elles pas ressembler fâcheuse-
ment à ces chœurs d'opéra, où l'on chante, sur

un air connu : « Marchons, partons ! », sans changer de place ?... Non, comme l'a dit le bon sens
de Molière, on démontre le mouvement en marchant, la force de ses biceps en soulevant un
poids gisant à terre, le libre arbitre en déployant
une volonté assez ferme pour exécuter ce qu'on
veut. C'est agir que de montrer le but en sonnant
la charge. Un coup d'épaule peut achever d'enfoncer une porte qui semblait ouverte et qui n'était
qu'entre-bâillée. Lors même que ma pauvre
cloche émettrait ici une note déjà maintes fois
entendue, elle le ferait avec une sonorité nouvelle, qui pourra susciter quelques attentions
distraites, par le fait seul que le sonneur ne
sera pas cette fois un professionnel, un zélateur
instinctif de l'action matérielle et physique...

Sur ce sujet, les hommes, quand ils ne sont
pas des paresseux, des découragés ou des rê-
veurs, se divisent aussitôt en deux groupes : les
uns ne pensent qu'à agir ; les autres n'exercent
d'action que par la pensée. Chez les premiers,
les plus immédiatement utiles à la prospérité
matérielle d'un État, le besoin d'exercer et d'utiliser leur force est une nécessité de tempérament, plus encore que l'accomplissement d'un
devoir moral. Ils éprouvent le besoin de se répandre, de se manifester, d'imposer leur volonté

ou leur opinion, de diriger, de commander : ils sont nés avec une âme de chefs, que la vie développe ou comprime. Mais, même placés en sous-ordre, ils s'attachent avec ardeur à leur tâche pratique et prétendent toujours faire mieux. Consciemment ou non, cet emploi incessant de leur énergie s'appuie sur la confiance dans son efficacité ; ils ont foi en eux-mêmes, foi dans le succès, foi dans le principe pour lequel ils luttent, ou tout au moins dans la valeur des avantages qu'ils poursuivent. L'idée ne leur vient pas de tourner autour des questions dont une face leur est apparue dans une lumière éclatante ; ils échappent aux indécisions qui paralysent les esprits inquiets ; et c'est pourquoi je vais réunir dans ce chapitre des qualités reliées par un lien intime : la volonté d'agir, d'agir avec ordre, avec décision, suivant un plan ferme, et la foi.

La guerre va avoir beaucoup accru la proportion de ces agissants, de ces combatifs, de ces convaincus, toujours disposés à pétrir joyeusement la pâte matérielle ou la pâte humaine, et c'est un des services que ce fléau monstrueux nous aura rendus. Ces agissants pourraient se dispenser de me lire, jusqu'au moment où je leur demanderai de coordonner, de régler leur action ;

mais, sur le principe même, ils sont persuadés d'avance. Aussi n'est-ce pas à eux que je m'adresse dans ces premières pages, c'est aux autres : à ceux, nombreux aussi, que l'action n'intéresse pas ou rebute ; aux égoïstes qui se bornent à suivre le développement intérieur de leur pensée en dédaignant de la produire au dehors ; aux paresseux qui trouvent d'excellentes raisons philosophiques pour justifier leur paresse ; aux idéalistes imbus de chimères qui nient la valeur utile du soldat, du perceur d'isthmes, du constructeur de navires, du « bâtisseur de ponts » et dont les meilleurs trouvent un beau coucher de soleil, où l'homme n'est pour rien, tellement préférable à une belle usine, tandis que les pires se bornent à fumer des narghilés ou à contempler leur nombril. Ceux-là, ceux que je voudrais convertir, ne me liront pas en général ; car un livre de morale civique ou d'économie politique doit les laisser froids. C'est le sort commun de tous les prédicateurs qui n'ont jamais d'incrédules autour de leur chaire, mais seulement des dévôts. Cependant, s'il s'en rencontrait quelqu'un parmi mes lecteurs, j'aimerais à raisonner avec lui sur les motifs qui lui font répudier l'action, alors que tout homme a un devoir de solidarité sociale à remplir dans la paix, comme un devoir de sacrifice à accomplir dans la guerre.

Avant tout, remarquons que l'action va être envisagée ici, par le fait de notre sujet, dans ses applications les plus communes et les plus immédiatement sensibles, telles que l'industrie, les travaux de construction ou de mécanique, la pratique du laboratoire, la manœuvre de la pioche, du pic, du marteau ou du sabre. On agit également et l'on peut être aussi utile, sinon plus, en calculant de l'algèbre, en suivant la marche des astres, en tirant de son cerveau le poème, la symphonie, la fresque ou la statue, qui, pendant des siècles, apporteront une joie suprême à l'humanité. Pour y faire moins d'allusions, je n'oublierai pas le savant, le poète ou l'artiste. Mais leur œuvre, en dépit des théories à la Taine ou à la Brunetière, est, par essence, individuelle ; et je ne veux m'occuper ici que des efforts collectifs ou appliqués directement à la collectivité pour organiser, fortifier et, mettons le mot, enrichir le pays : pour assurer cette prospérité, cette sécurité matérielles, sans lesquelles l'œuvre de science ou d'art ne peut se produire, ou, à peine exécutée, est détruite.

Je viens de dire que les agissants étaient, en principe, des convaincus. Les hommes intelligents et généreux qui se refusent à agir sont ceux qui manquent de foi, ceux qui considèrent comme une vanité éphémère et futile tout effort humain, ou, plus simplement, ceux qui pensent qu'on n'ajoute rien à la mer en y versant une goutte d'eau et qui jugent d'avance leur effort stérile contre des forces naturelles ou sociales inéluctables : les partisans du nirvâna et ceux du nitchevo. Musset, qui ne passait pourtant pas pour un professeur d'économie politique, me paraît avoir fort bien résumé cela en deux vers :

Le mal des gens d'esprit, c'est leur indifférence ;
Celui des gens de cœur, leur inutilité.

Et voilà, en effet, les principales raisons que l'on a ou que l'on se donne pour ne pas agir. Ou l'on ne porte qu'un intérêt lointain, de curiosité, à l'action parce qu'on la regarde en sceptique, en ironiste, en dilettante et qu'on la trouve foncièrement inutile ; ou bien l'on croit avoir reconnu par expérience qu'elle salit sans mener à aucun résultat fructueux, même momentané. La première objection est la plus spécieuse et, une fois qu'on l'a levée, la seconde devient aisée à résoudre ; c'est pourquoi je vais y insister, bien qu'elle corresponde, en France, à des cas beaucoup plus rares. C'est la thèse, si répandue en Orient et dans le monde slave, qui a trouvé son expression classique dans l'Ecclésiaste et qui aboutit à l'attitude passive du brahmane indou.

« A quoi bon agir sa vie, dit-on, puisque cette vie est courte, puisque celle des êtres auxquels on pourrait s'intéresser est également brève, puisque les œuvres tombent rapidement en poussière, puisque l'homme doit disparaître au bout de quelques siècles, puisque les soleils mêmes et les univers sont éphémères ?... » Je ne répondrai pas par des arguments religieux ; ils n'atteindraient pas les nihilistes qui englobent les religions et les dieux dans ce même courant fugitif des choses périssables. Mais ces découragés sont-ils donc si certains que l'humanité doive disparaître tout entière sans laisser aucune trace ? Simple hypothèse, simple généralisation de savants trop empressés à affirmer, à conclure ! La vérité est que nous n'en savons rien, non plus que sur l'annihilement de l'individu humain lui-même après la mort. La science, qui ignore même ce que sont et ce que deviennent la matière ou la force, connaît encore bien moins la destinée de ce que nous appelons notre âme, ou celle de la collectivité humaine. Et alors quelle folie de se désespérer, de renoncer à tout effort, à toute action, à toute joie ; pourquoi ? pour une hypothèse !...

Ce premier point posé, serrons l'objection de plus près. La vie humaine est inutile, prétend-on. Une seule conclusion s'impose alors : le suicide. Mais cette conclusion n'aurait de valeur que si tout le genre humain l'adoptait pour finir ensemble. Du moment que la vie continue et veut continuer, du moment que l'homme éprouve une telle joie et si générale dans la vue de la lumière, la vie individuelle reprend un sens dans son application à la vie de tous. L'entêtement de l'humanité à vivre malgré tout ce qu'on a pu lui dire pour l'en dégoûter est un fait qu'il faut accepter comme un fait. Chacun de nous, outre son existence propre, participe et contribue, quoi qu'il fasse, à l'existence des autres hommes présents et futurs, comme la cellule dans un organisme. La désespérance, le spleen sont des maladies romantiques propres à une cellule affolée, qui se détache de l'ensemble, ou qui s'amplifie monstrueusement. Celui qui regarde autour de lui trouve toujours un but à la vie la plus désolée, la plus dépouillée des espoirs habituels et normaux, dans l'aide qu'il peut et doit apporter à ses compagnons de route, quand bien même la route suivie par ses compagnons et lui ne les conduirait à rien.

J'en viens donc à la question moins générale et plus concrète : « Peut-on, dans la société moderne, apporter cette aide efficacement ? Le seul moyen d'y réussir n'est-il pas la vieille charité évangélique, dont les pauvres tendent à ne plus vouloir parce que, suivant la doctrine socialiste, elle constitue une humiliation pour l'obligé au lieu d'être la satisfaction d'un droit? » Ici encore, nous répéterons ce qui vient d'être dit pour la vie, ce que j'ai développé au cours de tout ce volume : il faut accepter les faits. La poussée socialiste est un fait, la mentalité socialiste est un fait. Bien que le socialisme s'appuie sur la solidarité, je le considère comme une expansion morbide d'égoïsme collectif, comme une hypertrophie cancéreuse de quelques groupements cellulaires qui ont la prétention d'envahir l'organisme tout entier Je crois que l'application du socialisme, si elle était possible, dépouillerait l'humanité de toutes ses joies et la réduirait au sort d'un polypier façonnant dans la monotonie et l'ennui ses alvéoles émiettés par la mer. Mais le socialisme existe et se développe chaque jour ; adaptons-nous au monde qui en résulte, sauf à lutter de toutes nos forces

pour lui substituer, dans la mesure où cela
reste possible, un monde meilleur ! L'efficacité
de notre action pourra en être diminuée, elle
n'en subsistera pas moins.

Nous retrouvons ainsi la distinction essentielle que j'ai essayé de maintenir tout au cours
de ces pages. Une somme d'énergie à dépenser
constitue notre crédit, une somme limitée ;
employons-la judicieusement dans un sens où
son effet peut se faire sentir, non dans la poursuite d'un nuage. Agir ne signifie pas se remuer
au hasard, se battre contre tous les moulins à
vent que l'on rencontre et endosser chaque matin la cuirasse avec l'armet de Mambrin pour
réformer de fond en comble l'humanité. Mais,
quand on rencontre des moulins sur sa route,
point n'est besoin non plus de discuter indéfiniment pour savoir s'ils représentent de bons ou
de mauvais géants ; on constate qu'ils ont des
ailes, que le vent souffle et qu'une aile en tour-
nant peut broyer du grain. La volonté d'utiliser
sur sa route tous les moulins à vent au lieu de
les perforer avec sa lance me paraît la base
solide de l'action. Cultivons notre jardin comme
Candide ; travaillons assez largement pour pouvoir en distribuer les navets et les choux ; tâchons
de nous imaginer, tâchons de persuader aux

autres que ce monde est le meilleur des mondes ; rendons, si nous le pouvons, la démonstration plus facile en ne la limitant pas au visible, et nous nous sentirons la conscience plus allègre, nous serons plus heureux qu'en nous hypnotisant sur le sentiment funèbre de notre impuissance.

Un homme, que l'on a parfois accusé de scepticisme parce qu'il avait changé avec quelque éclat l'objet de sa foi, mais qui est toujours resté un mystique, Ernest Renan, eut un jour l'occasion de recevoir Ferdinand de Lesseps sous la coupole académique, bien peu de temps avant que la voix publique cessât d'appeler celui-ci le Grand Français. L'homme des inscriptions et des livres en profita pour célébrer une action matérielle qu'il n'avait guère eu l'occasion de pratiquer. Très réaliste ce jour-là et faisant allusion aux moyens divers, sans caractère technique, grâce auxquels de Lesseps avait triomphé à Suez, il lui dit : « Le principe de la grande action, c'est de prendre la force vive où elle est, de l'acheter au prix qu'elle coûte et de savoir s'en servir. Dans l'état présent du monde, la barbarie est encore un dépôt énorme de force vive... Vous acceptez bravement les choses humaines comme elles sont... »

Voilà, pour restreindre notre champ d'activité, un programme à notre usage. Découvrons, multiplions et encourageons des hommes qui aient le sens de la réalité, la volonté et l'adresse d'utiliser cette réalité. De tels hommes n'ont pas manqué en France depuis les Croisés jusqu'aux colons du Canada. Lorsqu'ils se trouvent mis en lumière et lorsqu'ils réussissent, — ce qui est une condition essentielle dans une œuvre pratique dont la justification est le succès —, la foule court à eux avec empressement; ils obtiennent alors la popularité la plus rapide et la plus complète ; on ne peut donc pas dire qu'ils soient négligés. L'enseignement démocratisé leur attribue même aujourd'hui une place comparable à celle qu'ils occupent depuis longtemps dans l'estime et l'admiration de nos voisins anglais. Mais il serait imprudent de se fier aux seuls enthousiasmes de la foule, qui manque de la réflexion nécessaire pour distinguer entre un acrobate, un marchand d'orviétan et tel industriel vraiment utile, chez lequel elle n'aperçoit qu'une application pesante de la discipline. Les conducteurs de l'opinion publique et de l'Etat doivent précéder et diriger la masse. Leur rôle est de résister aux poussées irréfléchies de faveur ou de mépris.

Le nom de Lesseps, que je citais tout à l'heure, me paraît tout à fait typique à cet égard. De Lesseps a tenté deux œuvres : Suez et Panama. N'ayant aucune connaissance technique, il n'a pas vu la différence de difficulté qui les séparait. Mais ce n'est pas la seule ni la principale raison pour laquelle il a réussi dans l'une et échoué dans l'autre. Il a employé, les deux fois, la même énergie, la même ardeur, la même éloquence et les mêmes moyens, y compris la corruption (souvent nécessaire pour réussir de telles œuvres). Il s'est heurté à des imprévus analogues qui ont failli faire crouler la première entreprise comme la seconde. Cependant Suez a apporté un rayonnement et une richesse à la France, tandis que nous avons eu la douleur de voir achever Panama par d'autres. Croit-on qu'il en eût été de même si notre démocratie impulsive, aux découragements féminins, avait été canalisée et conduite par une volonté ferme, telle que celle de Richelieu, de Carnot ou de Napoléon ?

Et j'arrive ici à la direction, à la coordination, à l'utilisation rationnelle des volontés agissantes, qui constitue le rôle tout indiqué de ceux auxquels leur situation permet de devenir des conducteurs d'hommes, mais dans laquelle chacun, du petit au grand, est appelé à prendre sa part. Quand on encourage à l'action, on doit se rappeler que l'enfer est pavé de bonnes intentions, mais aussi d'actions désordonnées, commencées au hasard, abandonnées sans persévérance. Ces dernières sont actuellement presque aussi à craindre que les premières. Ne confondons pas avec l'action efficace le vol des sansonnets qui tournent en rond, ou le bombycinement des mouches administratives qui croient aider l'attelage du coche. L'action, pour aboutir à un résultat, comporte la réflexion : une réflexion qui précède l'acte au lieu de le suivre ; une réflexion qui a prévu les obstacles, qui a calculé l'effort pour les surmonter, qui a établi sa balance et qui entend marcher jusqu'au bout

Quand on n'a de muscles que pour vingt kilomètres et que le but est distant de cent, il est tout à fait inutile de partir. Quand une affaire ne peut être viable qu'avec dix millions de capital, c'est jeter son argent à la mer que de la commencer avec 100.000 francs. Quand une conception politique suppose et nécessite la perfection humaine, on n'a qu'à l'abandonner.

Ce que je dis là pour les capitaux va devenir tout particulièrement vrai dans une phase qui ne pourra manquer de voir la centralisation à outrance des entreprises industrielles, accablées sous le poids des impôts, des charges sociales et de la concurrence. La plus grave erreur en pareil cas est de vouloir imiter un voisin qui a réussi, sans tenir compte du moment où il a opéré et de ses ressources. Dans la lutte industrielle, l'argent ne va, ne peut aller et n'ira de plus en plus qu'aux riches : et ce qui semblerait immoral cesse de l'être si l'on réfléchit que, par son immensité même, toute entreprise moderne devient essentiellement collective, en sorte que la plus mince somme économisée permet d'y participer à titre d'actionnaire ou d'obligataire.

Une telle résolution de se borner à des actes utiles implique nécessairement le désir d'éliminer le plus inutile de tous, celui qui consiste à agiter l'air avec ses lèvres. Que de temps nous gagnerions, que de forces nous économiserions si nous abandonnions une bonne fois résolument le royaume des mots, si on assemblait moins souvent des hommes d'action ou de pensée autour d'une table verte ou sur les fauteuils d'une salle publique, pour écouter le bavardage de ceux qui aiment à jouer avec les phrases comme un chat avec une pelote, ou ceux qui veulent simplement manifester leur présence par quelques réflexions bien senties sur un sujet dont ils ne connaissent

pas le premier mot. On a proposé un régime de
« restrictions » instituant une « carte de paroles »
à la Chambre ; il en faudrait dans toutes les assemblées, dans tous les conseils, dans les réu-
nions de corps savants, dans les tribunaux. La
rhétorique intempestive est une maladie latine,
qui s'accroît dans un régime de libre discussion,
en s'appliquant aux matières les plus complexes
où l'on ne saurait aboutir qu'en les traitant froidement, brièvement, par écrit. Que ne crée-t-on,
dans toutes nos écoles, des cours de concision !
Que ne donne-t-on à nos hommes publics une
éducation lacédémonienne, où l'on proscrivait à
la fois ces deux moyens de sophistiquer le jugement : l'éloquence et l'esprit ?

Mais, pour parler brièvement, il faut savoir ce
qu'on veut dès l'exorde et ne pas pourchasser,
comme un Numa Roumestan, sa pensée à travers
ses paroles. Plus que tous les raisonnements,
plus que toutes les tirades et les adresses oratoires, une résolution ferme fondée sur une conviction assurée donne de l'autorité et entraîne
les foules. C'est un bien et c'est un mal, mais en
somme un bien plutôt, que l'influence n'appar-
tienne pas à ceux qui pèsent le pour et le contre
au carat, qui s'embroussaillent dans les si et dans
les mais, qui distinguent tous les défauts d'un

projet ou d'une mesure, mais à ceux qui vont droit leur chemin comme un boulet de canon, qui ont la foi. Ceux-là se trompent parfois de but, et cela est évidemment regrettable ; du moins ont-ils une chance d'atteindre la cible, tandis que les indécis, les compliqués et les sceptiques n'aboutissent jamais.

J'ai écrit autrefois tout un livre pour montrer combien une foi quelconque est indispensable à l'homme [1]. C'est dire combien cette nécessité de la foi est, pour moi-même, un acte de foi. Et je n'entends pas par là une foi dans une religion, plutôt que la foi dans la science, dans l'existence de la vérité, dans la patrie, dans la beauté du dévouement, dans l'art, dans le progrès, dans l'âge d'or futur, ou même dans la plus modeste entreprise ; non, mais simplement la conviction mystique et échappant à toute démonstration qu'on s'est engagé dans le bon chemin et qu'on arrivera où on désire en marchant droit devant soi. Plus cette foi souffle haut, plus elle soulève ; mais la plus humble constitue encore un moteur efficace. On n'agit guère avec fruit sans obéir à une passion ou à une foi.

Il va sans dire que, par le fait même de leur foi, beaucoup d'hommes croient s'être mis à

1. *Orphée* par Paul de Nay, 1900

l'abri de toute illusion et apportent une conviction aveugle dans les arguments spécieux, par lesquels ils s'imaginent après coup démontrer leur conviction. Cela se produit, en particulier, pour ceux dont l'irréligion constitue la foi, et qui n'osent pas dire simplement comme les adeptes d'un dogme : « Je crois, je cherche ma clarté dans le sentiment irraisonné, parce qu'ici la raison ne me fournit plus de lumière, parce qu'elle hésite, parce qu'elle se récuse, parce qu'elle n'aperçoit que contradictions ; *credo quia absurdum.* »

La notion de foi étant étendue de la sorte, il paraît difficile de nier le rôle prépondérant de telles impulsions illogiques, sentimentales et passionnelles dans les principales actions humaines et surtout dans les manifestations utiles à la collectivité. L'examen de conscience auquel nous nous livrons ici nous a appris à courber le front devant les faits ; je ne veux considérer ici le besoin d'idéal, le dévouement et le mysticisme que comme des faits expérimentaux. Ces faits ont le même caractère de réalité que tous ceux, sur lesquels nous nous sommes appuyés au cours de notre étude. L'homme qui n'a aucune foi, c'est la barque dont aucun vent ne gonfle les voiles et qui s'assoupit sur les flots. On n'a pas

attendu pour traverser les mers de savoir analyser l'air et mesurer sa pression au dynamomètre,
encore bien moins de pouvoir déterminer quelle
outre d'Éole lançait les vents. Nous n'attendrons
pas non plus, pour croire à la famille, à la patrie, à la solidarité humaine et pour nous laisser
emporter par cette foi dans un sens qui peut répugner d'abord à notre égoïsme, d'avoir analysé,
disséqué, décomposé, scruté et finalement évaporé en nos alambics un principe d'action incontestable. Croyons à l'avenir lorsque le présent
est le plus sombre ; croyons à la vie quand nous
sommes entourés de morts; croyons à la lumière
au fond des ténèbres; croyons même qu'un jour
tous les hommes seront frères et s'embrasseront
dans une éternelle paix! Croyons et agissons pour
réaliser notre foi !...

# CONCLUSION

J'ai assez insisté, chemin faisant, sur les résultats des étapes franchies pour qu'en finissant nos conclusions puissent êtres brèves. Appliquons-les directement à l'œuvre de demain, à l'après-guerre. Ne nous payons pas de vaines chimères ; ne supposons pas nos espoirs réalisés ; ne nous imaginons pas qu'il va sortir de la fournaise un monde reforgé suivant les conceptions idéales du pacifisme ; partons de ce fait extrêmement probable qu'il subsistera une Allemagne très forte, une Allemagne probablement agrandie vers l'Orient par le vasselage de l'Autriche et le suicide de la Russie, quand bien même, comme nous y comptons, elle aurait reculé en Occident. L'Allemagne conservant ainsi ou étendant son rôle mondial, il se perpétuera avec elle un élément de guerre économique et de guerre militaire, auquel il pourra s'en ajouter ou s'en combiner d'autres. C'est dans une atmosphère de combat que nous allons continuer à vivre pendant longtemps encore ; c'est à cette atmosphère qu'il faut adapter nos poumons, quel que puisse être notre désir de respirer un air plus libre.

Pour être en mesure de soutenir cette lutte au dehors, et plus simplement pour vivre, la paix intérieure restera une nécessité absolue d'après-guerre, comme elle a été une condition indispensable en temps de guerre. Cette paix exige le renoncement à la politique stérile, aux dissensions de partis, aux luttes de classes : la subordination des préjugés, des souvenirs, des espoirs, à l'intérêt général immédiat ou prochain. Nous devons avoir une politique exclusivement économique et, comme il y a toujours des intérêts économiques en jeu sous les dissentiments des partis, nous devons tous comprendre la nécessité des sacrifices. Ces sacrifices seront nombreux et pénibles ; mais, après avoir donné tant de sang, nous ne marchanderons pas, les uns un peu de peine et les autres un peu d'argent.

Qu'on ne nous parle plus du capital et du travail pour les opposer : ce sont deux associés que leurs rapports incessants amèneront toujours à discuter, mais qui doivent le faire amicalement puisqu'ils ne peuvent vivre l'un sans l'autre. La disparition d'une forte partie du capital accumulé, l'extension considérable de la puissance ouvrière par le fait de la guerre doivent faciliter un rapprochement, tout au moins une trêve indispensable, si le socialisme militant ne tue pas la poule aux œufs d'or sous prétexte de partager plus rationnellement les œufs. Le socialisme, non pas théorique mais effectif, qui oppose entre elles de prétendues classes et qui, seul de toute la nation, ne comprend l'Union Sacrée que comme un moyen de domination pour lui-même, apparaît, dans ce domaine pratique et économique où nous nous maintenons, comme notre adversaire. Réservons, pour des temps plus calmes, la tentation de réaliser ce qu'il peut y avoir de séduisant dans ses utopies ! Que les socialistes fassent comme nous ! Ils ont leur idéal et nous avons le nôtre. Gardons-les au fond de notre cœur sans vouloir tout briser pour violenter aussitôt les faits !

La France a un besoin immédiat et urgent de bon sens, de réalisme, d'application, de patience, de persévérance et de calme. Elle a un besoin non moindre de confiance en elle-même, d'assurance dans ses destinées, de foi dans les principes supérieurs inscrits sur son drapeau. L'un n'est nullement contradictoire avec l'autre. La

Foi peut former le substratum invisible et mystique, sur lequel l'empirisme et l'opportunisme superposent patiemment les assises du seul édifice apparent. L'essentiel, si on veut que la maison soit habitable et que les Boches ne la détruisent pas du premier coup, est qu'on n'intervertisse pas les rôles pour laisser la réalité dans les caves et construire les quatre murs extérieurs avec des blocs de nuées.

Les nuées ont tenu une trop grande place dans nos constructions anciennes et les architectes ont pris trop souvent bonne volonté pour synonyme de volonté. Tendons vers notre idéal, mais supprimons notre idéologie ! Guérissons-nous de notre tendance vaniteuse à croire que la Vérité est notre domaine exclusif. Mettons de l'ordre et de la persévérance dans notre travail ! Ne commençons pas nos bâtisses par le faîte ! Voyons le monde tel qu'il est, tel qu'il va être, non tel que nous voudrions qu'il fût !...

Dans ce monde réel, deux grands peuples, deux grands groupements humains vont continuer à se trouver en opposition ; car il faut être aveugle pour croire à un écrasement de l'Allemagne qui la fasse disparaître, ou à une réconciliation qui ne nous mette pas dans ses mains. Ces deux peuples symbolisent deux systèmes, deux méthodes, deux mentalités. Or, qu'avons-nous vu avant et pendant la guerre ? D'un côté des Vosges, tout ce qui écrit, parle, agit ou commande, pense constamment à la guerre, considère la guerre comme une nécessité primordiale, subordonne toutes ses pensées, ses combinaisons et ses actes à la préparation d'une guerre qui doit lui assurer un supplément de grandeur, de fortune et d'honneur. Il est réaliste ; pour lui, tous les moyens sont bons pourvu qu'ils conduisent au succès ; toutes les soumissions coûtent peu puisqu'elles permettent d'organiser le triomphe. Il considère la sentimentalité comme une faiblesse, le respect des engagements comme une naïveté. Il a le culte de la Force, de l'Ordre, du Casque à pointe, de la Chimie industrielle. Sur l'autre versant de la montagne-frontière, à peu près tout homme pensant tient à honneur de mépriser, de haïr la guerre et de travailler à sa suppression définitive ; il prêche la concorde et l'union des peuples. Imaginant volontiers ce qu'il désire, il affirme que la guerre est devenue une chose impossible et, pour être sûr que les soldats de métier ne voudront pas jouer avec le feu, il évite le plus possible de donner à ces grands enfants des instruments dangereux, fusils et canons, dont ils pourraient être tentés de mésuser. Il est idéaliste ; il proclame le droit des nationalités ; il joue au don Quichotte presque jusqu'aux confins de l'anarchie ; il défend les faibles ; il redresse les torts ; il a sans cesse présentes à l'esprit et au cœur les notions de droit, d'honneur, de pitié, d'amour... Je ne demande pas lequel des deux est moralement le plus noble, lequel applique le mieux la loi du Christ, lequel grandit le plus l'humanité. Mais le Christ a dit : « Mon royaume n'est pas de ce monde », et c'est de ce monde qu'il s'agit ici. Je regarde lequel a le plus souffert, lequel a dû passer par les plus dures épreuves, malgré l'appui, d'abord moral, puis matériel, du monde entier, pour arriver à s'assurer le droit de vivre. Si la guerre aura bientôt duré quatre ans, n'est-ce pas la faute des pacifistes ?.. Et j'en conclus qu'il faut, dès le début, choisir résolument entre deux partis. Ou l'on se laissera patiemment massacrer par les Vandales dans un couvent de moines et l'on méprisera ce monde pour l'autre — ce qui simplifierait beaucoup, au profit des Vandales, les problèmes terrestres — ; ou, si l'on veut garder sa place au soleil et faire de l'industrie et du commerce, on se rappellera sans cesse que les hommes ne sont pas des Saints et l'on ne descendra pas dans l'arène sous la tunique blanche qui convient aux martyrs, mais sous la cuirasse et le casque des gladiateurs. Il n'est pas permis de transiger avec le droit ou l'honneur. Mais qui prétend vaincre doit savoir sacrifier à la victoire un peu de son indépendance et de ses chimères, avec ce qu'il y a de trop lointain, de trop illusoire encore dans son idéal.

# TABLE DES MATIÈRES

## CHAPITRE III

### La réforme de notre mentalité dans le sens pratique.



## CHAPITRE IV

### Réforme de notre industrie par le réalisme et la méthode scientifique.



## CHAPITRE V

### Application du réalisme à la politique intérieure et à l'administration.

## CHAPITRE VI

### Application du réalisme à la politique étrangère.



## CHAPITRE VII

### Les notions de stabilité et de discipline.

## CHAPITRE VIII

### La volonté d'agir et la foi.

ÉDOUARD HERRIOT

---

# A G I R

In-16 . . . . . . . . . . : . 4 fr. 50

---

Ce livre est tout un programme : celui vers lequel nous devons tendre tous nos efforts.

(L'Union économique de l'Est.)

Pages admirables et bien conformes aux traditions véritables de notre génie national.

(Télégramme, de Toulouse.)

M. Herriot aspire — tout son livre le dit expressément — « à une politique d'ordre dans la grandeur ». Vive et belle formule.

PAUL COURCOURAL.<br>(Le Nouvelliste, de Bordeaux.)

M. Edouard Herriot a dédié son beau et bon livre à la mémoire du grand Colbert...

CHARLES MAURRAS.<br>(L'Action française.)

VICTOR BORET

---

## LA
# BATAILLE ÉCONOMIQUE
## DE DEMAIN

In-16 . . . . . . . . . . .      4 fr. 50

---

M. Victor Boret émet de très saines idées qui lui ont été inspirées par sa longue expérience commerciale.

(*Paris-Bourse.*)

Le livre de M. Victor Boret est une œuvre courageuse. L'auteur ne craint pas de mettre le doigt sur la plaie et de dire aux uns et aux autres, même aux parlementaires, leurs vérités.

(*L'Union économique de l'Est*)

M. Victor Boret met en pleine lumière cette idée, dont il faut bien nous pénétrer, que, pour les Allemands, l'étranger reste toujours l'ennemi contre qui l'état de paix ne doit pas interrompre la lutte.

(*Le Monde industriel.*)

# LETTRES

# D'UN VIEIL AMÉRICAIN

## A UN FRANÇAIS

*Traduites de l'anglais par J.-L. DUPLAN*

Préface de LYSIS

In-16 . . . . . . . . . . . **4 fr. 50**

---

Les lecteurs français trouveront dans ce livre, condensées sous une forme énergique et vive, les opinions d'un Américain sur les Français et la vie française.

« Il importe au lecteur français de savoir que le vieil Américain n'est pas un littérateur, un aligneur de phrases ou de théories, mais un homme d'action, le créateur d'une industrie qui fait vivre des milliers d'ouvriers.

«... La notion du temps est la première de toutes à l'époque où nous vivons. Un penseur retrouve dans tous les détails de la vie moderne la même préoccupation d'aller vite.

«... Ces lettres persuasives fourmillent d'observations justes et d'exemples frappants. »                    LYSIS.

VICTOR CAMBON

# NOTRE AVENIR

In-16 . . . . . . . . . . . . . . **4 fr. 50**

Livre dur, livre implacable, mais livre sincère et vrai.
CHARLES CHENU, *ancien bâtonnier.*

Expansion industrielle, enseignement technique, administration, main-d'œuvre, etc , M. Victor Cambon aborde dans ce livre à peu près tous les problèmes qui se poseront au lendemain de la guerre. (*L'Homme enchaîné.*)

Œuvre de premier ordre... (*Je sais tout.*)

Un tel témoignage fait autorité.
(*Le Sémaphore, de Marseille.*)

Tout serait à citer de ce livre, surtout les pages de conclusion ..
(*Le Nouvelliste, de Lyon.*)